八十六翁
渡邉陳好

監修者――五味文彦／佐藤信／高埜利彦／宮地正人／吉田伸之

［カバー表写真］
「国定忠次義名の高嶋」第五編表紙

［カバー裏写真］
三右衛門日記

［扉写真］
渡辺三右衛門の肖像画

日本史リブレット 49

八州廻りと博徒

Ochiai Nobutaka

落合　延孝

目次

大物代三右衛門日記を読む

私の住む群馬県伊勢崎市には国定忠治《くにさだちゅうじ》に関連する二つの墓碑がある。一つは伊勢崎駅前の曲輪《くるわ》町善応《ぜんのう》寺内にある、愛人おとくの建立した「情深墳《じょうしんつか》」の墓碑であり、「遊道花楽居士」の戒名《かいみょう》が刻まれている。もう一つは日乃出町にある、忠治の命令で子分の浅次郎によって殺された勘助《かんすけ》・太良吉《たろうきち》の親子の墓である。二つの墓碑は、ある意味では国定忠治の光と影を象徴しているモニュメントともいえる。

国定忠治は幕府から磔《はりつけ》にされたことにより、民衆のヒーローとして講談、浪花節《なにわぶし》、映画、芝居などで語り継がれている。「泣くな　よしよし　ねんねしな」ではじまる「赤城の子守唄」は、板割《いたわり》の浅太郎(本名浅次郎)が忠治の命令で殺した伯父勘助の子勘太郎（本名太良吉）を背負って赤城の山に登るところを歌ったものである。事実は勘助と太良吉は同じ日に殺されていたのである。忠治一五〇回忌に出版された高橋敏『国定忠治』（岩波新書）は近年の忠治研究に関する優れた書で、三《み》室《むろ》勘助の虚像を修正し、彼の実像を明らかにしてくれた。任《にん》俠《きょう》の忠治伝説が高まるにつれて、東《ひがし》小《お》保《ぼ》方《かた》村（現群馬県伊勢崎市）で名主をつとめた三室勘助こと中嶋勘助は悪玉《あくだま》に仕立て上げられ、太良吉は勘太郎となって生き返り、自分を殺した浅次郎に背負われて登場するようになったのである。勘助は忠治伝説の被害者▲ともいえる。

忠治のような無宿《むしゅく》・博徒《ばくと》たちを取り締まったのが八州廻り《はっしゅうまわり》（関東取締出役《かんとうとりしまりしゅつやく》）である。近年、八州廻りについての研究は、実証レベルでも理論レベルでも盛んになっている。生麦村《なまむぎ》（現神奈川県横浜市）の『関口日記』や柴崎村《しばざき》（現東京都立川市）の『公私日記』などの刊行により、村の日常的な出来事や事件、犯罪に村役人や改革組合村《かいかくくみあいむら》▲の大小惣代がどのように関与し、解決していったのかが具体的にわかるようになった。

さらに、八州廻りやその道案内、火附盗賊改《ひつけとうぞくあらため》の在方《ざいかた》廻村や改革組合村との

▼**子孫同士の歴史的和解**　忠治の子孫と、忠治および子分に殺害された中嶋勘助・勘太郎親子や島村伊三郎の子孫との間には、長い間しこりが残っていた。忠治のファンクラブ「いせさき忠治だんべ会」は、残るしこりを取り除きたいと仲裁役を買って出て、二〇〇七(平成十九)年六月二日に伊勢崎市内で手打ち式を行なった。一緒に三者の墓参りを行ない、一七〇年の時を超えた歴史的な和解が実現した(『上毛新聞』二〇〇七年六月三日)。

▼**改革組合村**　一七ページ参照。

●—勘助・勘太郎親子の延命地蔵尊　忠治の命を受けた浅次郎によって殺された中嶋勘助・太良吉親子の延命地蔵尊（伊勢崎市日乃出町）

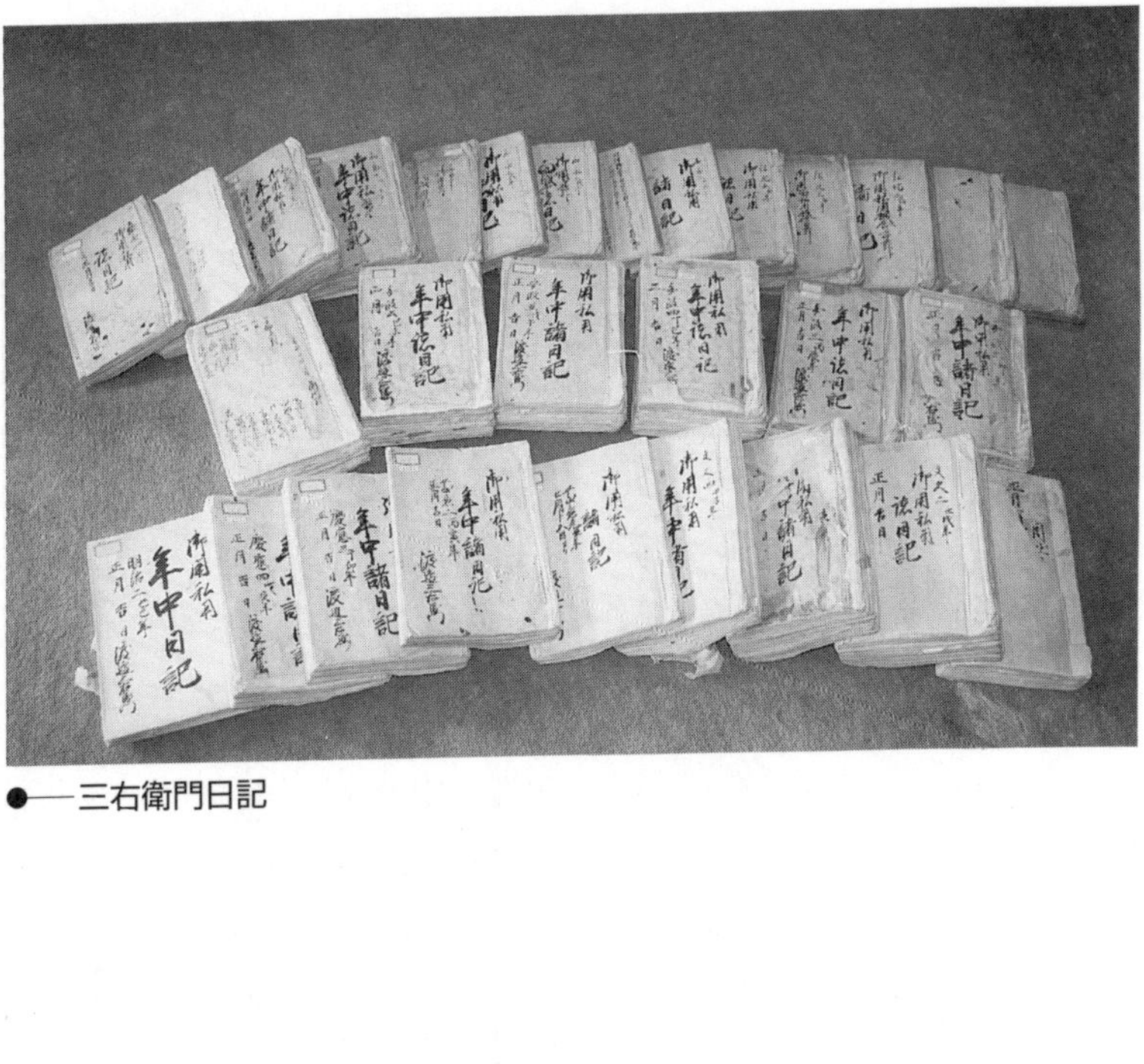

●—三右衛門日記

関係については、坂本達彦「火附盗賊改の在方廻村と改革組合村」(『国史学』第一七五号)や桜井昭男「関東取締出役と改革組合村——文政改革の基調」(藤田覚編『幕藩制改革の展開』)などの研究が新たに生まれている。

本書は最近の研究成果を踏まえながら、十九世紀前半の関東農村に滞留《たいりゅう》していた無宿や博徒たちが、地域社会の秩序をどのように動揺させたか、八州廻りの登場と改革組合村の設置が地域社会にどのような影響を与えたかを、上野国の例を中心に検討する。その際に、八州廻りと道案内、火附盗賊改同心と手先との癒着《ゆちゃく》と不正に留意したい。

さらに、民衆のヒーローとして英雄化された忠治伝説を、当該期の権力支配と地域社会の抱えた矛盾《むじゅん》から照らし出すことによって、民衆の正義観、権力観を考えてみたい。

本書は「八州廻りと博徒」のテーマを、上野国那波《なは》郡福嶋《ふくじま》村(現群馬県玉村町)にいた玉村宿《たまむらしゅく》改革組合村の大惣代《だいそうだい》渡辺三右衛門▲の視点から見据えようとした。

三右衛門は一八〇七(文化四)年に生まれ、一八九二(明治二十五)年に八六歳で亡くなっている。彼は一八四六(弘化三)年から一八六六(慶応二)年まで二〇年

▼**渡辺三右衛門**　父三右衛門詮季は角淵村名主小屋原佐五右衛門の弟詮勝の次男で、三右衛門綱忠の長女に迎えられたが、早世したので後妻を迎え、その長男が三右衛門陳好《のぶよし》であった。陳好は初め南玉村町田四郎右衛門の次女を娶《めと》ったが早世したので、角淵村高橋武左衛門の長女美紀を後妻に迎え、半六(太七、半兵衛)をもうけた。

間玉村宿改革組合村の大物代をつとめ、男女の駆け落ち、不倫、離縁から若者組の地芝居や祭礼、村方騒動にいたるまでの様々な事件に関与している。そして「御用私用年中諸日記」「御用私用掛合答其外日記」という公私にわたる日記を、一八四二(天保十三)年十二月二十八日から一八六九(明治二)年十月十八日まで二七年間書き続けた。この日記は、栗原嘉二氏の解読によってその全体を読むことができるようになった。

彼は大物代をつとめる間に多くの関東取締出役や火附盗賊改と会い、道案内や手先の不正や悪行をしっかりと見続け、多くの囚人や無宿▲を預かり地域の人々のさまざまな相談に乗っている。また、一八五〇(嘉永三)年九月二十八日から十月十四日までの間、玉村宿で「古今《ここん》稀の囚人」であった国定忠治らを預かる際に立ち会い、忠治の死後も愛人であったおとくの後見人をしたこともある。

栗原によれば、三右衛門は真面目で責任感の旺盛な人柄、剛毅な人物で、広い交際範囲と交際上手、記録好き、女性にもてた、酒を愛した、紛争処理能力がある、健脚、信仰が厚い、世話好き、子分を多くもつ親分肌の人間だったという。

▼**無宿**　江戸時代に人別帳から除外された者。無宿となるのは、貧困からの欠落《かけおち》、親からの勘当、村や町からの追放などさまざまである。そのため、無宿野非人《のひにん》といわれる乞食《こじき》同様の者から、近世後期に社会問題となった長脇差を帯びた博徒まで、その実態には幅があった。

幕末期には武州一揆《ぶしゅういっき》や上州世直《よなお》しを体験し、関東取締出役の渋谷鷲郎《わしろう》から改革組合村の大惣代を退役させられるという、地域指導者として激動の時期を生き抜いてきた。三右衛門の日記を通して、幕末維新期の地域社会の変動と幕府の崩壊を民衆の動向とともに考えてみたい。

①——八州廻りと改革組合村

関東農村の状況

近世社会において、村共同体は盗みや博奕《ばくち》の犯罪に対して独自の警察権と裁判権を保持していた。盗みが起きた時、盗みの犯人を究明していくために、家《や》捜《さが》し▲や入札《いれふだ》▲によって事件を審理し、盗人を検挙して村制裁を科していた。家捜しにせよ、入札にせよ、村内で処理するのが一般的であり、盗人を幕府や領主へ引き渡すことは少ない。

公儀の「法度《はっと》」▲が厳然と存在しながら、「村掟《むらおきて》」▲が独自に存在しており、実際の事件の問題解決のシステムとして機能していた。諸事件の多くは公的な訴願にいたらず、寺院が村や地域の諸事件の調停にかかわることは当然の行為として受け止められており、村や地域における自力の問題解決システムとも呼べる仲《ちゅう》裁《さい》活動が多様に行なわれていた。それらの活動は、親類、五人組▲、寺院、村役人などの調停で済まされることが多く、彼らの情誼《じょうぎ》的な人間関係の下で、村掟は柔軟性を持ちながら運営されていたと言える。紛争の解決と内済《ないさい》の積み重ね

▼**家捜し**　盗品を見つけるために家の中を捜索して盗人を割り出す。

▼**入札**　中世・近世社会で広く行なわれていた非理判定の方法。投票によって、村役人などの代表者の選出や盗みなどの犯罪者の特定を行なう。

▼**法度**　幕府が旗本・御家人・庶民の支配のために発した禁令。武家諸法度・禁中並公家諸法度・寺院法度・諸士法度がある。

▼**村掟**　中世から近代に至る村社会において制定された共同体の法。規定の内容は、村寄合、生活秩序、水利や入会、盗みや博奕などの広範囲に及ぶ。

▼**五人組**　近隣の五軒を単位に組み合わせて組織した治安・行政の連帯責任制度。寛永年間に全国的に実施され、法度の遵守、貢租の完納、キリシタン禁止にあたり、住民の隣保組織としての性格を強めていった。

の中で鍛え上げられた法秩序であった。

しかしながら近世後期になると、村秩序から逸脱《いつだつ》する者が増えてくる。親類、五人組や村役人が説諭《せつゆ》しているにもかかわらず、農業を嫌い、遊び歩くなどの素行《そこう》の悪い若者が多くなる。村掟が守られず、村秩序から逸脱する者が生まれ、五人組や村役人でも説諭できない状況が生まれてきた。村役人でも言うことを聞かない場合には、関東取締出役などに教諭を願うようになってくる。

十九世紀初めの関東農村がどのような状況だったのか。一八一三(文化十)年二月に関東取締方の強化を求めた代官大貫光豊《おおぬきみつとよ》の上書《じょうしょ》(『新編埼玉県史資料編一七』)は、この時期の関東農村の状況を物語ってくれる。

一七九八(寛政十)年に風俗統制の触が出されたが、武蔵国では中山道鴻巣《こうのす》宿から秩父郡まで、上野・下野・常陸国、下総国銚子・佐原あたりでは、追放の処分を受けた者や旧離《きゅうり》▲勘当欠落《かけおち》等の「帳外《ちょうはずれ》もの」が無宿になり、「通り者」▲と唱え、身持不埒《ふらち》の者どもを「子分」などと号して抱え置き、あるいは長脇差《ながわきざし》▲を帯して目立つ衣類を着て、不届《ふとどき》の所業に及ぶ者が多くいる。八州廻りが廻村するが、子分や駅場で荷物稼ぎをする者たちが、親分に出役

▼**旧離**　下級武士・町人・百姓が連帯責任を免れるため、目下《めした》の親族との縁を切り、役所に届け出て人別帳より外したこと。

▼**通り者**　江戸の消費文化に影響された奢侈な風俗の者たち、博徒、侠客、相撲取り、芝居の役者などをさす。

▼**長脇差**　一尺八寸(約五五センチ)以上の大脇差、あるいはそれを所持している博徒や侠客のこと。

●──上三原田（渋川市赤城町）の農村歌舞伎舞台　地元三原田村に生まれ育った水車大工永井長治郎が、1819（文政２）年に建築したと伝えられている。廻りながらせり上がる構造となっている。

の廻村の情報を漏らすために、親分たちは遠国へ逃げ隠れてしまう。もし子分たちが出役の手先に告げ口でもしたら、打擲《ちょうちゃく》され疵《きず》を負わされてしまい、小前《こまえ》百姓や村役人までが恐れをなしてしまう。たとえば、お構いの地（立入禁止の地域）を徘徊しても見遁《みのが》したり、「帳外」の者が平日に村にいたりして、表向きは無宿にもかかわらず、お構いの地や居村に住居して博奕をしている。親分を人足寄場《にんそくよせば》▲へ送っても、子分たちが村役人を通じて引き取ってしまう。

以上が大貫の上書である。大貫は「帳外もの」が無宿になり、通り者が身持ち不埒な者を子分として抱えたり、長脇差を帯して目立つ衣類を着て不届きな所業に及ぶ者たちがいることを問題にしていた。彼らが村落に入り込み、博奕などの奢侈《しゃし》を百姓に教え、百姓の暮しが派手になり、困窮し、欠落し、無宿になることを何よりも恐れていた。

十八世紀後半頃、関東・中部を中心とした養蚕業地帯では、養蚕・生糸の商品生産が盛んになり、農民が貨幣収入を得るようになる。それにつれて博奕や村芝居《しばい》等が盛んになり、若者組▲が地芝居の実施や遊日《あそびび》の増加を要求し、博徒や

▼**人足寄場**　一七九〇（寛政二）年に幕府が江戸石川島に設置した浮浪人収容所。火附盗賊改長谷川平蔵の建議によって設置された。無宿や軽犯罪者を収容し、技術を教え一定の労賃を与えることで、社会に復帰させることを目的とした。

▼**若者組**　青年男子の年齢階梯集団。村内の警備・消防・祭礼などの仕事を分担し、若者宿に集まって相互親睦をはかった。特に祭礼・芝居の実施や婚姻儀礼などで村役人や八州廻りと衝突することが多かった。

無宿者が横行し、地域社会の秩序が動揺してきた。商品経済の発展に支えられた博奕や村芝居の隆盛は、「ハレ」的な生活文化を創出し、容易に取り締まることができなかったのである。

八州廻りの設置

八州廻りの成立について、『旧事諮問録《きゅうじしもんろく》』▲は次のように述べている。

寛政から享和の間で、野州に山口鉄五郎という御代官があって、自分が管轄内で悪事をした者は、他の領分へ逃げ込み、また他の奴も此方へ来たりして、どうしても縛《ばく》す事ができぬ。他の領分へ這入って縛せぬのは、その領主へ一応照会しなければならぬ。また此方へも先方から照会しなければならぬ。その内に悪人は何処へか逐電《ちくでん》してしまって、すべて芝居や何か尽《ことごと》く禁じてあったのですが、それを両方の管轄地の中央へ来て興行するので、どうしても制することができませぬ。このままでは人気《にんき》も悪くなって長側差《ながわきざし》もできて参《まい》って、どうしても拒《ふせ》ぐことはできぬというと、その頃、評定所《ひょうじょうしょ》組頭羽田藤左衛門という人があって、それを聞いてそれは棄て置《おか》

▼旧事諮問録　江戸幕府の諸役職経験者に諮問した内容を問答体で記した刊行物。江戸幕府旧役人の職務実態や生活風俗等を知る上で格好な史料である。

れぬというので、評議が済んで、関東取締出役ができたと申す事で、御代官所を御料と称え、余は私領と称え、その御料・私領の差別なく、どこでも捕らえるというのであります。

関東地方は一村を複数の領主が支配する村が多く、幕府直轄領・大名領・旗本知行所・寺社領が複雑に錯綜《さくそう》していた。悪事をして他領へ逃げ込んだ場合に、逮捕することが難しいという状況があった。

そのため、一八〇五(文化二)年関東取締出役(通称八州廻り)が創設され、関東代官の手付《てつき》・手代《てだい》▲の中から選任され、勘定奉行直属下に編成された。最初八名で二人一組となって、水戸藩領や川越藩領などを除く関八州を御料・私領の別なく廻村して、無宿や博徒らの取締にあたった。

三右衛門の先代は、一八一七年武蔵国幸手《さって》宿(現埼玉県幸手市)近在三四カ村の「御箱訴書付」の訴状を筆写している。箱訴《はこそ》▲の訴状を写していた理由として、後年に参考にする時が来るかもしれないと思ったのだという。まだ改革組合村は設置されていなかったが、火附盗賊改や関東取締出役たちが連れてくる囚人の番人足《ばんにんそく》や費用をめぐる問題がすでに顕在化していたのである。

▼**手付・手代**　江戸幕府の郡代・代官の下役。手付は小普請《こぶしん》から多く採用し、手代は地方を熟知した町人・百姓を採用した。代官の地方事務を助け、給与は代官所経費から支出された。

▼**箱訴**　八代将軍徳川吉宗が実施した将軍への直訴《じきそ》の一形態。毎月二日・十一日・二十一日の三回、評定所門前の腰掛《こしかけ》に設置された目《め》安箱《やすばこ》(訴状箱)に訴状を入れると、それが目付から側衆を通して直接将軍に届けられた。

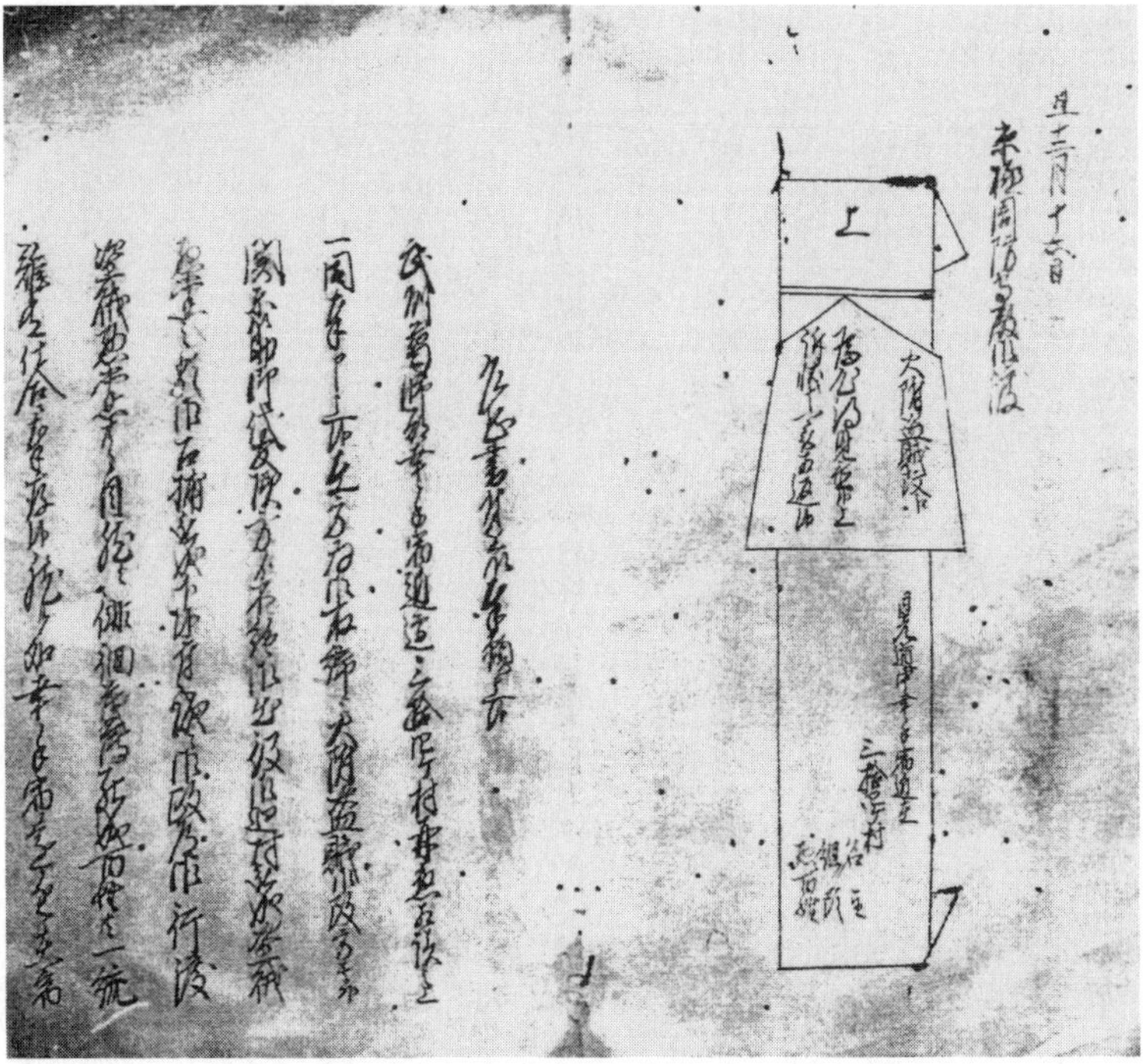

●──1817(文化14)年幸手宿近在34カ村の「御箱訴書付」の訴状写　先代の三右衛門が筆写した箱訴の写であるが、火附盗賊改や関東取締出役たちが連れてくる囚人の問題は、後に玉村宿改革組合村でも大きな問題となる。

▼岡引　犯罪探索の手先となった末端の警吏、目明《めあか》しともいう。江戸では犯罪者の中から罪を赦されて目明しとなる者が多く、町奉行所などの諸役人の下で私的使用人として雇用された。京都・大坂では非人身分の者が主として警吏を担っていた。

第一に、火附盗賊改や関東取締出役が廻村し盗賊・悪党を召し捕らえ、村々へ吟味中の囚人番人足を命令することが多かった。彼らの手先の「岡引《おかっぴき》」▲が宿内の旅籠屋《はたごや》を借り受けて囚人を差し置くように差図し、村々の百姓たちが馴れないために叱責を受けたり、手を縛られたり十手で打擲を受けることがあった。そのため、村々の百姓たちが恐がり人足触《ぶれ》が出ても仮病を申し立て、番人足を忌避《きひ》するようになった。

手先や宿屋が「針」を「棒」のように役人へ申し繕い、囚人を宿内に置く旅籠代その他の費用が嵩《かさ》み、困窮の百姓が難儀している。近辺の宿では囚人を預かるのは稀なことであるのに対して、幸手宿は一年に七〇〜八〇件の番人足を仰せつけられ、囚人寄場となっている。囚人が逃げた場合、番人足をつとめた百姓や村役人が牢屋に入れられ、諸入用も多くかかっているので、隣宿と甲乙のないように囚人を預けてほしいと願い出ている。

第二に、役人たちの御用宿は宿役人宅か旅籠屋が順番につとめるのが仕来りであるが、囚人掛りの役人の止宿だけは、飯盛《めしも》り旅籠屋のうち二、三の特定の宿に限られている状況がすでにあった。八州廻りや火附盗賊改の同心と特定の宿屋との癒着《ゆちゃく》が、改革組合村設置以前の時点ですでにあったことになる。これらの御用宿には多くの飯盛り女が召し抱えられ、宿泊日数も多くなり、村々の負担となっていたのである。

第三に、以前は幕府役人の止宿の際には宿場で囚人番の人足を出していたのが、近年は在方の村々へ預けるために村の負担となってしまった。囚人預りの際には、番人足は宿内へ仰せつけてほしいことを願い出ている。役人が村々に止宿する場合には、囚人預りの番人足は村から差し出す。宿内で旅籠屋を借り受け、番人足や飯料《はんりょう》代を支払うことは免除してほしい。また、有宿の囚人の費用については、人別のある村方から賄《まかな》うようにしてほしいと願い出ている。

以上のように、すでに十九世紀初頭の文化年間で、八州廻りや火附盗賊改の囚人預けによる村々の番人足や囚人の宿泊・飯料などの負担が重く、改革組合村の設置が必要とされていたことがわかる。

八州廻りの問題を象徴するのが、一八三九(天保十)年の合戦場《かっせんば》一件▲と称される八州廻りの疑獄事件である。この事件で、関東取締出役一〇人、火附盗賊改二人、普請役四人、御先手二人が重追放《じゅうついほう》▲・中追放《ちゅうついほう》▲・遠島・江戸払いなどの処分

▼合戦場一件　関東取締出役の不正について、①下野国塩原村他一五カ村の困窮の訴えに対して、村柄を調べもしないで下総国上花輪村高梨五左衛門に施金を拠出させて救済した件、②信州松本の商人長兵衛の荷物を盗んだ同人の下男の処置に思い違いがあった件、③下野国合戦場宿の太六から肴代を貰い受けた件、④下野国栃木町で歌舞伎狂言を開催するのを知りながら肴代を貰って黙認した件などを挙げている。

▼重追放　武士は犯罪地・住国のほか関八州・近畿七国・東海道筋・木曾路筋・甲斐・駿河・肥前、庶民は犯罪地・住国と江戸一〇里四方から追放した。

▼中追放　追放地域は武蔵・山城・摂津・和泉・大和・肥前・東海道筋・木曾路筋・下野・日光道中・甲斐・駿河ならびに犯罪地・住国。田畑・屋敷は没収された。

を受けるという大きな打撃を受けた。処分の理由は、第一に人選をしないで大小惣代を申しつけていること、第二に廻村の時に繁華の宿村へのみ逗留し、惣代や手先の者から猥《みだ》りに賄賂を貰い受けていること、第三に村々で謂《い》われなき村入用等がかさみ難渋に及んでいるのに気づかないことなどを挙げている。

事件の翌年三月、代官羽倉外記・関安右衛門は「御取締被仰出候に付諸事取計方伺」(『日本経済叢書』巻九)を勘定奉行所へ提出した。その中で、近来の「流弊」がこれまでの出役の「不正不情」より起きたことが原因であること、取締出役の人選、逮捕者や風聞糺《ふうぶんただし》の場所から提出された書類を直ちに勘定奉行所へ提出すること、出役人数の増員などについて伺《うかが》いを立て認められている。合戦場一件によってこれまでつとめていた関東取締出役や火附盗賊改が大量に処分されたことで、村々のなかには「文政亥年御改革」が廃止されたといううわさが流れ、地芝居や手踊《ておどり》などを催し、大小惣代の命令に従わない地域もあったという。地芝居や手踊がいかに八州廻りによって統制されていたかがわかる。

一八三九年四月の「関東御取締出役心得方之儀御達書」(『日本経済叢書』巻九)でも、取締出役が無益の逗留をしたり大惣代や手先の者へ御用を任せたり、手先の者が出役の指揮を守らず我儘《わがまま》に取り扱い、惣代宛の書付を取る者がいる弊害が指摘され、取締出役がこのような事実を糺すように注意を促している。

八州廻りの大きな問題は道案内との馴合《なれあい》にあった。無宿や悪党を召し捕らえる時には道案内が必要不可欠であったが、彼らはご威光を笠に着て長脇差を帯した博徒から「ふせぎ」と唱える金を貰った。また、風聞で召し捕らえる場合もあり、口書《くちがき》▲を偽って作成したり、恨みを持つ者へ難儀をかけることもあった。出役が囚人を吟味取り調べする際に、宿方に長く逗留するために、囚人番の諸入用が村々の重い負担となった。

▼口書　検使役人が作成した調書のこと。変死や殺人、傷害など検使を要する事件が発生した際、現場で関係者が供述を記したもの。

取締改革のねらい

八名の出役の廻村による取締にも限界があり、一八二七(文政十)年に幕府は関東全域に改革組合村の結成を命じた。数カ村を集めて小組合とし、小組合を集めて数十カ村規模の大組合を組織して取締組合の一単位とした。小組合には小惣代、大組合には大惣代、取締組合の中心となる町村を寄場《よせば》と呼び、寄場には寄場役人をおき、彼らが組合村の運営にあたった。組合村結成の意図は、取締出役の活動に村方を全面的に協力させるとともに、犯人逮捕とその護送に要する費用を組合村負担としたことである。

改革組合村の歴史的前提として、地域的で自主的な村連合の存在があった。農業生産と生活に結びついた用水組合や堤川除普請《つつみかわよけふしん》組合や、国家的・領主的な諸負担に対応する鷹場《たかば》・助郷《すけごう》組合や浪人組合などである。改革組合村の編成の際に、今までの地域的なまとまりを主張した村々もあった。

ここでは勘定奉行石川忠房が作成した文政取締改革の逐条《ちくじょう》解説書を検討することによって、文政取締改革のねらいを考えてみたい。逐条解説書は文政取締改革の理念を知ることができる史料で、『品川区史続資料編（一）』や服藤弘司『地方支配機構と法――幕藩体制国家の法と権力Ⅵ』に掲載されている。

多くの市町村史には一八二七年の改革組合村の請書《うけしょ》が掲載されているが、文政取締改革逐条解説書の意味については、多仁照廣が指摘するように十分な検討が行なわれていない。そこで本書では、森村新蔵「享和以来新聞記《きょうわいらいしんぶんき》」▲巻一（森村恒之家文書）に記録されている逐条解説書を素材とする。

文政取締改革の教諭のために、関東取締出役河野啓助と太田平助の両人が伊《い》

▼**享和以来新聞記**　上野国那波郡連取《つなとり》村（現伊勢崎市）に居住し、旗本駒井氏の地役人をつとめた森村新蔵が、一八〇三（享和三）年から六八（慶応四）年までの上州を中心とした幕末維新期の政治・経済・社会の情報を収集した記録集。

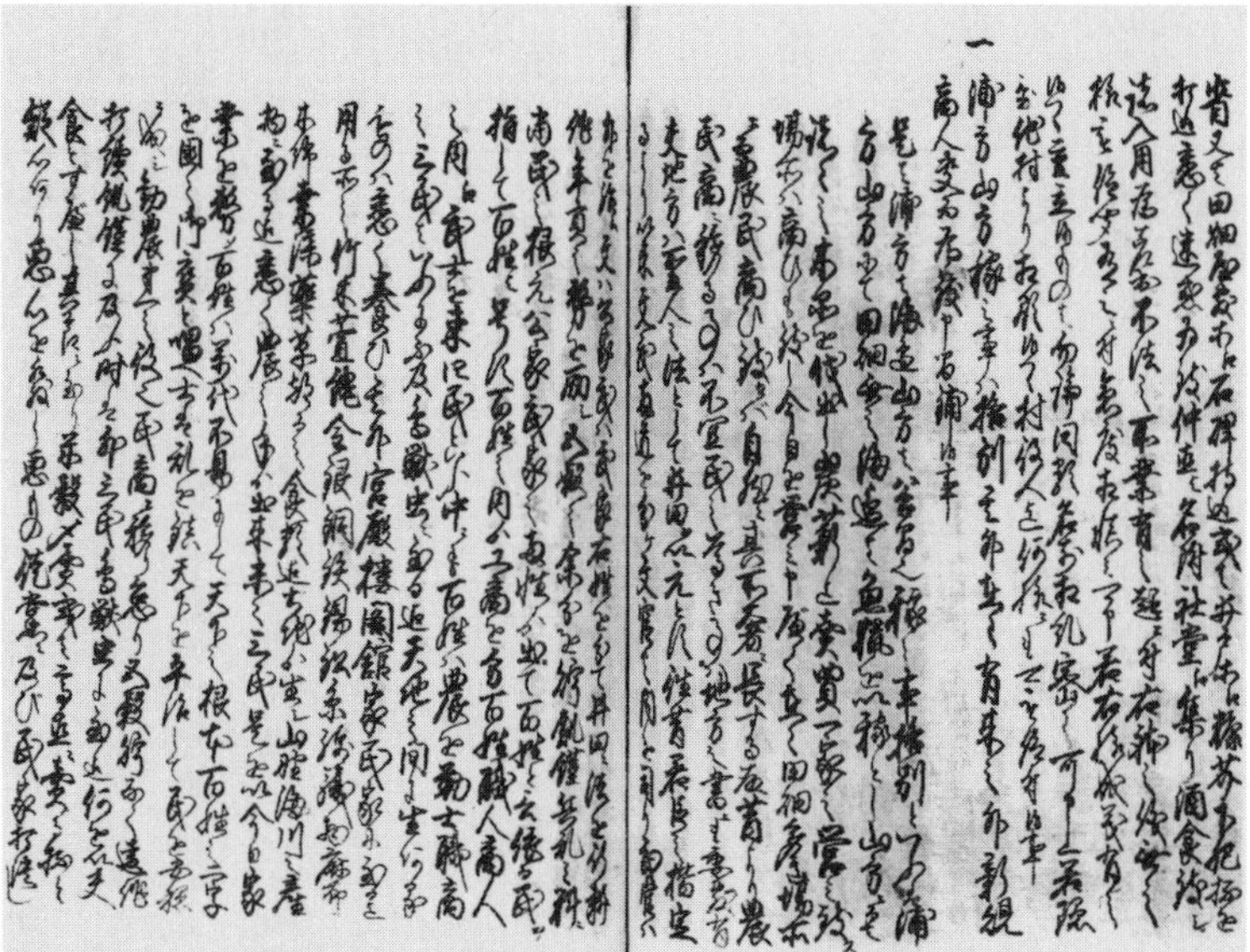

●──文政取締改革の逐条解説書(森村新蔵「享和以来新聞記」巻一)　改革組合村議定書40の条目に詳しい解説がついている。

勢崎《せさき》町寄場組合村を廻村して、村々の名主・組頭・百姓代を呼んで改革の趣意を教諭した。森村新蔵はその時の逐条解説書を記録している。

前段の五つの条目は風俗取締・身分統制を受けたものであり、後段の四〇の条目は改革組合村の取締議定《ぎじょう》を取り決めたものである。逐条解説書は、改革組合村議定書の四〇の条目に詳しい解説を付けている。主な特徴について検討してみよう。

第一に、公儀法度の遵守《じゅんしゅ》である。第一条には次のような解説が付いている。前々より法度の触があっても当座のように心得、一年二年も経てば忘れてしまう。村役人が退役したり家が焼失した際に、御触書の写しも焼失し、後役《あとやく》の者が法度をわきまえなくなる。お役人が言うように、法度は人が過《あやま》ちをできないようにするための定めなので、法度を守らなければならない。世の風俗に染まり身分を忘れて奢《おご》りに長じるのは、農業の怠りより起こると説明している。そして、家職《かしょく》を第一に教諭し、孝を尽くし目上の人を敬い、悪事を禁じて身を慎み、怒り争いなきために法度があると教諭している。

さらに、高札《こうさつ》▲を大切に思い綺麗にすることを諭《さと》している。高札は「国の掟」で

▼**高札**　禁令や法令などを板札に墨書し、庶民に周知するように掲示したもの。高札には人々が集まり、庶民の情報発信の場でもあった。

あり、高札を大事にしている村里は取締もよく、高札を粗末にしている村里は法度を有難く思わないので取締もよくない。今般の取締改革は、費用がかかっても高札場を改め、休日には掃除を行ない、高札が曲がらぬようにすれば、自然に法度に背かぬようになり取締が行き届くとしている。

第二に、百姓への勧農教諭である。新規の商売を禁止した第二〇条は、百姓教諭の理念を詳しく述べている。農民が商人に移ることは宜しくないことで、中でも百姓は農業をつとめ、武士・職人・商人の「三民」は言うにおよばず、禽《きん》獣《じゅう》に至るまで「天地の間に生あるもの」を養う者である。土地より生じた山野海川の産物に至るまでことごとく農民の手からできたもので、百姓は「万代不易にして天下の根本」であり、「百姓」の二字を「国々御宝」であるとしている。武士は乱を鎮めて天下を平治し、民を「安穏」になす「勧農第一」の役としている。農業に励み、米穀を沢山貯え、年貢を納めることが百姓の根本であり、村役人は百姓が商人に移らないように勧農を第一に心掛けるよう諭している。

博奕は百姓退転の原因となるから、第九条で博奕を禁止している。第二六条では無宿を帰農させることを教諭し、一人でも帰農すれば、「国家の為」になる

▼**餌差**　江戸幕府の職名で、鷹匠の配下にあり、鷹のえさとする小鳥を捕らえることを任とする者。

としている。無宿無頼の者でも説諭すれば一〇人のうち八人が改心するので、厚く世話することを説いている。第二七条では無宿へ親類組合や村役人が異見《いけん》し、それでも言うことを聞かない場合には、関東取締出役が厳しく教諭し、それでも改心しない場合には帳外にして差し押さえ、領主や出役へ召し連れるように説諭している。

第三に、明確に若者組仲間の禁止を規定している。第一三条では祭礼で「若者仲間と唱」えて大勢が申し合せをして風祭《かざまつり》、氷祭、虫送《むしおくり》、雨乞《あまごい》、天気などの祭礼を催し、「耕作休」などの遊日を挙行しているのに対し、もってのほかなる事として、「以来若者仲間を止メ」と若者仲間を禁止している。第一七条では婚礼祝儀の際に、遺恨ある者の祝儀を妨げ、または隣村より聟嫁取《むこよめとり》の節に酒樽を贈らない者へ若者共が大勢で妨げ、祝儀と名付けて金子を差し出させ、ゆすり同様の行為をしているので、必ず中止するよう厳しく諌めている。

第四に、囚人番人足の負担である。第三条は悪者を召し捕らえ一時的に組合村で預かる際に、組合村の番人足飯料などの負担を規定したものである。村方によっては悪者を召し捕らえた節に、番人足飯料が高割になることに難儀を申し立てる村があるが、全くの心得違いであり、浪人・餌差《えさし》▲・勧化《かんげ》▲などの合力《ごうりき》が減少して入用が減少している。また、番人足をつとめていない村方が高割入用の差出を難儀と申し立てる村があるが、「囚人番は国役《くにやく》▲」という理由で入用を負担することを教諭している。囚人番は国家的な公役《くやく》▲として負担しなければならない、という論理で百姓を教諭していたのである。

第三五条でも囚人駕籠《かご》を拵《こしら》えることを職人たちが「穢《けがれ》」と思い、諸道具の「浄《きよめ》代《だい》」として高い料金を受け取っているとしている。これは全くの心得違いであるとして、悪者を召し捕らえ囚人駕籠を拵えることは、農工商三民のためとしている。また、第三六条でも、場所により囚人飯料を「穢」と名付け、飯料を一泊一四八文のところを二〇〇文位ずつ取り、その上囚人たちが種々ねだるので番村の入用が多くかかるとしている。

第五に、最後の第四〇・四一・四二条では家職、孝行、奇特《きとく》を説いている。第四〇条では奢りがましき事をしないのを「家職」といい、第四一条では孝行を説き、第四二条では貧民を救うことを「奇特」といい、分限に応じて万民の難儀を救い、物事をよく治め公事《くじ》出入が起きないように世話することを村役人に説

▼勧化　仏寺の建立・修復などのために、人々に勧めて寄付を募ること。

▼国役　大規模な河川修築・城郭建造、朝鮮使節や琉球使節の来朝や日光社参・日光法会などに、領主支配の別を越えて諸身分に賦された役。賦課の範囲は、一国から数カ国の範囲、全国にわたるものもあった。

▼国家的な公役　武蔵国比企郡毛塚村（現埼玉県東松山市）および周辺の村々では、改革組合村入用や浪人組合村入用、勧化や宗教者の諸費用を「天役《てんやく》」と呼んでいた。その背景には、日光社参霞組合村のような国家的な課役を負担する際の、所領を越えた人馬動員のための連合組織が古くからあった（拙稿『旗本領の村落の形成と支配』東松山市史編さん調査報告第二五集）。

いている。第四三条では民家の奇特は、農事に励み余分の年貢を上納することを第一としている。さらに、朝廷も幕府も民を憐れみ天下泰平のために「御心」を砕いているとしている。

このように、文政取締改革の理念は、身分統制・風俗取締にあり、農民を教諭することにあった。

玉村宿改革組合村

一八二七(文政十)年文政の取締改革を受けて、翌年に玉村宿改革組合村二四カ村が設置された(次ページ参照)。玉村宿は倉賀野《くらがの》宿から分岐した日光例幣使《れいへいし》道の最初の宿として栄え、本庄《ほんじょう》宿から烏《からす》川を渡り玉村を経由する佐渡奉行街道の宿でもあった。

一八五五(安政二)年六月の「組合村々より潰百姓取調書出留書帳」(渡邉壽美保家文書)によると、一八〇六(文化三)年よりの五〇年間に玉村宿改革組合村の家数は一三〇五軒から九一二軒に減少し、潰《つぶれ》百姓▲の軒数は三九一軒に及び、全家数の三〇%が潰百姓となっている(表1参照)。このうち、潰百姓率が四〇%を

▼**潰百姓**　江戸時代、年貢・諸役の重い負担や災害凶作などのため、破産した百姓。潰百姓の跡地は、親類縁者に渡して年貢諸役を納めるが、引受人のいない場合は村へ引き渡され、その管理下におかれる。

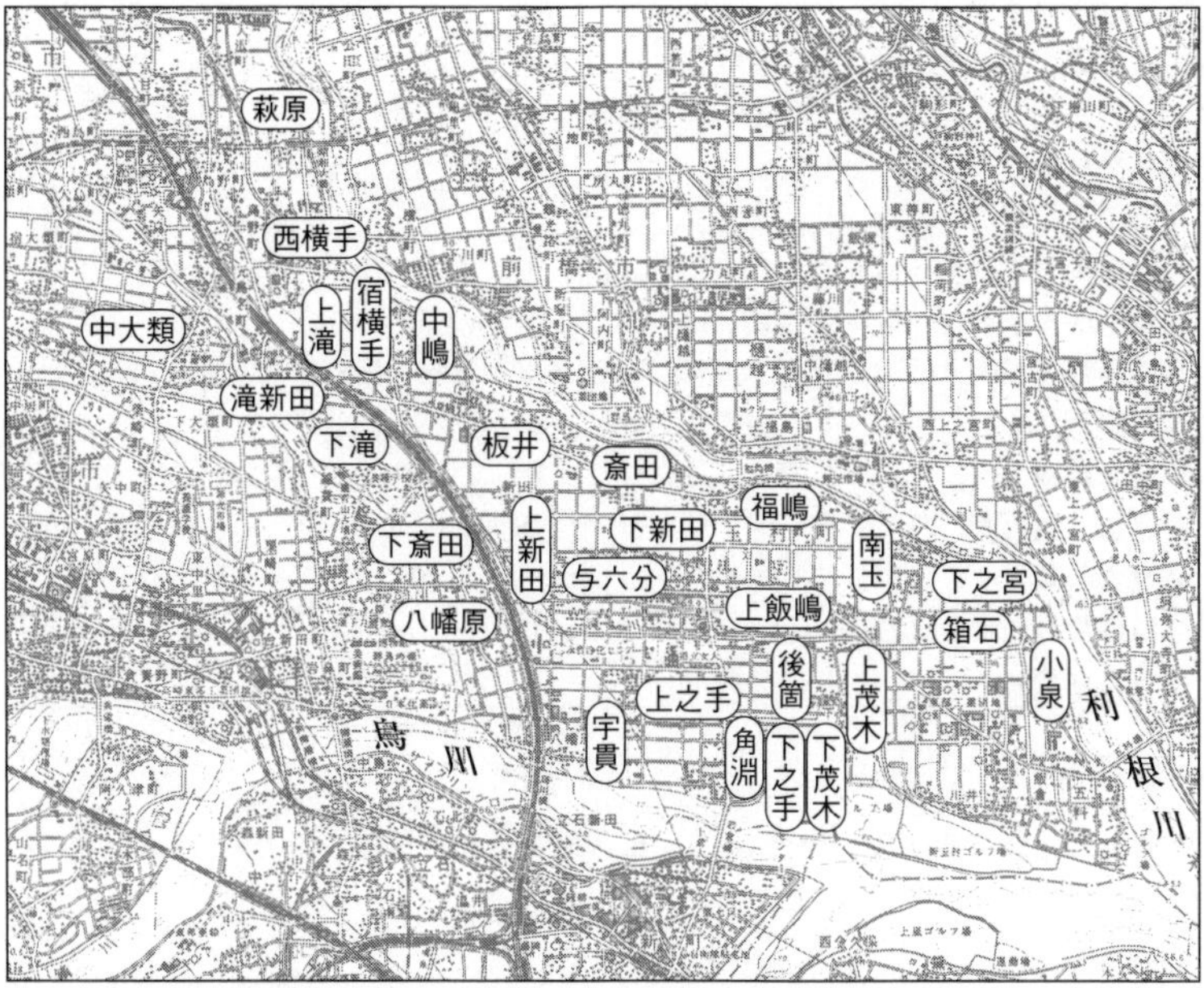

●──玉村宿改革組合村24ヵ村　『玉村町誌通史編』上巻より作成。

●──表1　玉村宿改革組合村の潰百姓数

村名	家数	潰百姓(潰率)	現在家数(水呑)	備考
群馬郡中嶋村	36軒	7軒(19%)	29軒(　5軒)	45年前、文化9年より
群馬郡中斎田村	35	10　(29　)	25　(　8　)	50年前、文化3年より
群馬郡与六分村			7　(　2　)	
那波郡箱石村	73	20　(27　)	53　(　9　)	50年前、文化3年より
群馬郡西横手村	40	11　(28　)	29　(　8　)	〃
那波郡南玉村	84	34　(40　)	50　(　6　)	〃
那波郡角淵村	186	47　(25　)	139　(　7　)	〃
那波郡下之手村	28	5　(18　)	23　(　3　)	〃
那波郡下茂木村	5	3　(60　)	2	〃
群馬郡宇貫村	26	10　(38　)	16	〃
那波郡小泉村	27	9　(33　)	18　(　3　)	〃
那波郡上之手村	36	5　(14　)	31　(　5　)	〃(本多知行所)
那波郡上之手村	20	5　(25　)	15　(　2　)	〃(横田知行所)
那波郡下之宮村	75	29　(39　)	46　(11　)	〃
群馬郡下滝村	85		82	67年前より
群馬郡上滝村	62	22　(35　)	40　(11　)	50年前、文化3年より
那波郡上茂木村	14	5　(36　)	9	〃
群馬郡中大類村	60	31　(52　)	29　(　5　)	〃
那波郡福嶋村	76	22　(29　)	48　(　5　)	〃
群馬郡下斎田村	30	10　(33　)	20　(　5　)	〃
群馬郡萩原村	21	3　(14　)	18	〃
群馬郡八幡原村	133	28　(21　)	105　(11　)	〃
那波郡飯嶋村	25	10　(40　)	15　(　3　)	〃
群馬郡板井村	122	64　(52　)	58　(27　)	〃
那波郡後箇村	6	1　(17　)	5　(　2　)	〃
合計	1305軒	391軒(30%)	912軒(138軒) 〈水呑率15%〉	

渡邉壽美保家文書「安政二卯年六月　組合村々より潰百姓取調書出留書帳　大物代年寄三右衛門控」より作成。

●──表2　福嶋村の土地所持

土地所有規模	件数
2町以上	6軒(10%)
1町以上	9　(15　)
5反〜1町	17　(28　)
5反未満	29　(47　)
合計	61軒

「明治三年四月　上州那波郡福嶋村当午年宗門人別改帳　下書控」より作成。

越えている村は、下茂木《しももぎ》村(六〇%)、中大類《なかおおるい》村(五二%)、板井《いたい》村(五二%)、南玉《なんぎょく》村(四〇%)、飯嶋村(四〇%)である。

三右衛門が住んでいた福嶋村は、潰百姓の軒数が二二軒と二九%に及んでいる。一八七〇(明治三)年四月の「上州那波郡福嶋村当午年宗門人別改帳下書控」(渡邉壽美保家文書)によると、二町以上の田畑を所持しているのは六軒(一〇%)、一町以上が九軒(一五%)、一町未満~五反以上が一七軒(二八%)、五反未満が二九軒(四七%)で、五反未満の零細な百姓が半分近くを占めている(表2参照)。三右衛門の家は名主で、伜の半六(半兵衛好直)が当主となっており、二町八反九畝二四歩と村内では第二位である。

改革組合村の設置によって、博奕・風俗の統制、無宿・悪党の取締などが強化され、組合村の寄場《よせば》に囲補理場《かこいほりば》(仮牢)が作られ、囚人・無宿者が預けられるようになった。

一八二七年二月の取締出役の申し合わせによると、囚人番は、囚人一人につき村方から番人足三人、村役人一人を差し出し、一昼夜交替でつとめるとされ、番人足は高一〇〇石につき三人の触当《ふれあ》てとなっていた。一八四四(弘化元)年に関東取締出役から囚人番に関しての仕法替えの達しがあり、囚人の逃亡防止と組合村入用の減少のために、村方の囚人番人足に代わり、番非人を定番人として雇うことにした。玉村宿の「圏《かこい》」は「圏出来入用　去ル午年四月」と記され、一八四六年に作られた。玉村宿の圏は牢屋小頭が支配し、彼の下に番非人二人が定詰《じょうづめ》、囚人引出の時一人が加えられた。

圏が作られたにもかかわらず、改革組合村入用は増加していった。一八四八(嘉永元)年に高一〇〇石につき五八七文九分であったのが、一四年後の一八六二(文久二)年には一九八三文と三・四倍に急増している。一八五〇年上半期の圏には、囚人四七人、囚人番人足一四七人半、飯料三八五賄、油三〇夜の諸費用がかかっている。囚人は上野一五人、武蔵一三人、信濃四人、越後四人、下野二人、江戸二人、越中一人、美濃一人となっている(表3参照)。火附盗賊改の同心が連れてくる囚人数が二五人と多く、関東取締出役の囚人数が五人、臨時取締出役の囚人数が九人となっている。圏が設置されることによって改革組合村の村々は、他国他村の無宿などの囚人飯料や番人足賃・飯料を負担しなければならない状況になった。

近世の村社会では、自分の村で起きた放火事件の犯人を入札で決めて圏の中に押し込め、村から番人足を出し、犯人に村から飯料が出された。この場合はあくまでも、村掟に基づいて法が執行されているのである。

たとえば、上野国碓氷郡東上磯部村《ひがしかみいそべ》（現安中市）では、一七七七（安永六）年十二月十九日に放火についての村議定が結ばれている。村内でたびたび放火があり、村内に犯人がいるかもしれないので、村中の願いで入札によって犯人を決め、事件を解決しようとした。一番札が多い高札の者を犯人とし、圏に押し込める。それでもまた放火があれば、また入札を行ない、高札の者を圏に押し込める。もし、火をつけた者を見つけたならば捕らえ、幕府へ注進し、圏に押し込めた者の罪を村役人の吟味の上で許すという内容である。実際に入札が行なわれ、百姓清五郎が高札者となり、圏に入れられ村中で番人足をつとめた。そして、清五郎へ一日五合の扶持米を村より与えることを取り決めている。

ところが、他国他村の無宿などの囚人を預かる改革組合村の圏は、村の自治という性格よりも、幕府の治安警察機能の下請《したうけ》機構としての役割を果たすものへと変質していったのである。寛政改革から文政の改革組合村に至る治安警察

●表3　一八五〇(嘉永三)年上半期の圏囚人賄

囚人の預かり日時	囚人名	役人	賄費用
正月十日夜入／十一日四ツ時出ル	上州桐生宿百姓竹次郎	関東	飯料二賄・番人二人半・油一夜
二月朔日昼九ツ時入／五日九ツ時過出	江戸浅草福井町冠九郎	関東	飯料一二賄
二月朔日昼九ツ時入／五日九ツ時過出	江戸浅草福井町長吉	関東	飯料一二賄　〆番人一九人・飯料五七賄・油四夜
二月朔日昼九ツ時入／五日九ツ時過出	武州三ケ殿村小蝶	関東	飯料一二賄
二月朔日昼九ツ時入／五日九ツ時過出	武州藤木戸村和田八	関東	飯料一二賄
二月二日昼七ツ時入／五日九ツ時過出	武州七本木村徳次郎		飯料九賄
二月九日夜入／十日四ツ時出	上州桐生久保沢村無宿清吉	火附	飯料二賄・番人二人半・油一夜
二月十三日昼八ツ時入／十七日七ツ時出	越中富山無宿与助	火附	飯料一二賄
二月十三日昼八ツ時入／十七日七ツ時出	越後十日市在沖立村無宿茂吉	火附	飯料一二賄
二月十三日昼八ツ時入／十七日七ツ時出	濃州福富村無宿乙吉	火附	飯料一二賄
二月十三日昼八ツ時入／十七日七ツ時出	信州伊那郡黒沢村無宿峯吉	火附	飯料一二賄
二月十三日昼八ツ時入／十七日七ツ時出	信州赤沼村無宿梅吉	火附	飯料一二賄
二月十三日昼八ツ時入／十七日七ツ時出	武州大戸ケ村無宿丑五郎	火附	飯料一二賄　〆番人三一人・飯料一二〇賄・油四夜
二月十三日昼八ツ時入／十七日七ツ時出	武州青柳村無宿元吉	火附	飯料一二賄
二月十三日昼八ツ時入／十七日七ツ時出	武州秩父郡南川村無宿栄助	火附	飯料一二賄
二月十三日昼八ツ時入／十七日七ツ時出	上州上矢嶋村無宿鷲五郎	火附	飯料一二賄
二月十三日昼八ツ時入／十七日七ツ時出	武州幡羅郡石塚村無宿佐四郎	火附	飯料一二賄
二月二十一日昼八ツ時入／二十二日八ツ時出	信州水内郡赤沼村無宿梅吉		飯料三賄・番人四人・油一夜
三月二十九日夜入／三十日昼四ツ時出	上州上植木村百姓辻右衛門		飯料二賄・番人二人半・油一夜
三月三十日四ツ時入／四月朔日四ツ時出	名前不存		飯料三賄・番人四人・油一夜
四月十八日九ツ時入／二十五日八ツ半時出	上州勢多郡石井村百姓升蔵		飯料二二賄・番人二八人・油七夜
四月二十六日八ツ半時入／二十七日四半時出	上州勢多郡江木村百姓八百造		飯料二賄・番人三人・油一夜
五月四日昼七ツ時入／六日九ツ時出	上州片岡郡乗附村百姓長次郎		飯料五賄・番人七人・油二夜
五月二十四日七ツ時入／二十五日朝出	上州沼之上村新河岸百姓清吉	関東	飯料なし・番人二人・油一夜

六月二十一日昼九ツ時入／二十五日八ツ時出	越後与板町無宿倉吉	火附	飯料一二賄
六月二十二日昼九ツ時入／二十六日夕出	上州甘楽郡上野村無宿重右衛門	火附	飯料一二賄
六月二十三日昼九ツ時入／二十七日朝出	越後四ツ谷宿無宿福次郎	火附	飯料一一賄＊
六月二十三日昼九ツ時入／二十六日夕出	武州妻沼村無宿伊三郎	火附	飯料九賄＊
六月二十三日昼九ツ時入／二十七日朝出	武州羽生領無宿仁助	火附	飯料一一賄＊
六月二十三日昼九ツ時入／二十七日朝出	武州下中野城無宿太郎次	火附	飯料一一賄＊
六月二十三日昼九ツ時入／二十七日朝出	野州佐野無宿新重郎	火附	飯料一一賄＊
六月二十三日昼九ツ時入／二十六日夕出	上州乗附村無宿長次郎	火附	飯料九賄＊
六月二十三日昼九ツ時入／二十七日朝出	武州蕨宿無宿忠次郎	火附	飯料一一賄＊
六月二十三日昼九ツ時入／二十七日朝出	上州成塚村無宿萬蔵	火附	飯料九賄＊
六月二十三日昼九ツ時入／二十七日朝出	野州足利無宿庄次郎	火附	飯料一一賄＊
六月二十三日昼九ツ時入／二十七日朝出	越後柏崎無宿八蔵	火附	飯料一一賄＊
六月二十三日昼九ツ時入／二十五日八ツ時出	武州斉羽村無宿金次郎	火附	飯料六賄＊
六月二十三日昼九ツ時入／二十六日夕出	上州石井村百姓升蔵	火附	飯料九賄＊
六月二十五日九ツ時入／二十七日朝出	武州不動岡村無宿善蔵	臨時	飯料六賄
六月二十五日九ツ時入／二十六日夕出	上州金井村無宿岩吉	臨時	飯料四賄
六月二十五日九ツ時入／二十六日朝出	上州里見村無宿磯吉	臨時	飯料三賄
六月二十五日昼九ツ時入／二十六日朝出	信州無宿半七	臨時	飯料三賄
六月二十五日昼八ツ時入／二十六日朝出	野非人富五郎	臨時	飯料二賄
六月二十五日昼八ツ時入／二十六日朝出	野非人桑次郎	臨時	飯料二賄
六月二十五日昼八ツ時入／二十六日朝出	野非人滝次郎	臨時	飯料二賄
六月二十五日昼八ツ時入／二十六日朝出	野非人仙太郎	臨時	飯料二賄
六月二十五日昼八ツ時入／二十六日朝出	上州上武士村九郎左衛門	臨時	飯料相済
			惣〆番人一四七人半・飯料三八五賄・油三〇夜

〆番人四二人・飯料一六七賄・油六夜

＊は宿関根屋三右衛門

凡例：関東＝関東取締出役、火附＝火附盗賊改、臨時＝臨時取締出役
渡邉壽美保家文書「嘉永三年戌七月　圏囚人諸色調書」と井田家文書「嘉永三年戌年十一月　宿方大割帳」より作成。

機能の強化の動きは、村共同体の検断《けんだん》権・自裁《じさい》権を形骸化させ、村共同体等の中間団体を国家により強く組み込んでいったといえる。

②—大惣代三右衛門

村方騒動への対応

三右衛門がまだ福嶋村の名主をつとめていた一八四三(天保十四)年閏九月に、新町宿《しんまち》(現高崎市)と角淵村《つのぶち》(現玉村町)の舟場一件で仲裁の労をとっている。新町宿と角淵村との間を流れる烏川の渡舟は「往古」より角淵村が取り扱ってきた。川瀬の変化による舟着場の所替えも角淵村が行なってきたのである。ところが、新町宿の浜五郎と吉兵衛が新町宿役人の差図で、角淵村の川岸場にある舟で旅人を漕ぎ渡していた。角淵村の六之助外三人は、「先規」より村方渡場にある舟をなぜ渡舟したのかを二人に問いつめ、舟を預かった。ついに喧嘩となり新町宿の二人が棹《さお》で疵《きず》を負う結果となってしまった。

この一件は一度は破談となったが、立石村・岡之郷村・中村・福嶋村・倉賀野宿・下和田村の名主が「扱人《あつかいにん》」として仲裁に入り、角淵村の六之助外三人が詫び、新町宿の二人が他村の渡舟場に舟を漕いで旅人を渡したこと、強く主張して口論に及んだことを詫びて内済《ないさい》が成立したのである。三右衛門も福嶋村名

▼相給　一村を複数の領主が分割して知行すること。旗本が大量に配置された関東や関西・東海地方に多い。福嶋村は一八一二年以降、旗本大久保氏と島田氏の相給となった。三右衛門の領主は大久保氏なので、この場合の相給名主は島田氏の知行所名主のことである。

主として角淵村から頼まれて立入人として仲裁の労をとったが、親切のつもりで強く言ったために、角淵村の者から新町宿に加担したと受け取られてしまった。「はりさくまでの胸ヲこらえ」、「深切却てあだとなり、無念の思ひ」をなしたと弱気の感想を述べている。まだ、大惣代をつとめる前のことである。

一八四六(弘化三)年大惣代に就任した三右衛門は、改革組合村および周辺の村々で起きる村方騒動、離縁・不倫の男女の争い、若者組の地芝居・祭礼などの紛争処理の仲介などを精力的にこなした。大惣代としての立場上、改革組合村内の村方騒動にも積極的に介入していった。

一八四六年正月福嶋村の相給《あいきゅう》▲名主選出の件で、三右衛門は小前《こまえ》百姓が入札を行なうことに反対している。名主の入札は「新規」のことで、小前が名主になれば、名主役人の身分が軽々しくなるというのが反対の理由である。小前に不埒《ふらち》な者がいても厳しく理解させることを面倒がり、次の名主は他の百姓に代わってもらうようになる。それでは村方の秩序が「乱妨」になると、名主の入札に反対している。これに対して、二月九日小前百姓二五人は、「御地頭所御役人中様」へ名主の入札の実施を願い出ている。

一八五四(安政元)年の中斎田《なかさいだ》村(現玉村町)の騒動でも、鎮圧のために動いている。三月二十六日の日記には、中斎田村甚右衛門が頼みに来て、同村でこれまで二度の火札《ひふだ》▲が張られたことを告げている。二月八日夜、三月二日夜の張札には、小前百姓一同と越石《こしこく》▲の百姓たちは、①名主勤役中の諸帳面の公開、②白《しろ》銀《がね》橋替掛入用が不分明であること、③「村方常夫」については賃銭を取り順番でつとめること、④名主役については、九兵衛を除いて小前一同相談の上で入札で決めることを要求し、名主九兵衛の退役を要望していた。名主の「押領取込」があり、退役しないならば「焼払候」という張札であった。中斎田村に火札が張られ、その背景に名主九兵衛不正追及の動きがあった。

三右衛門らが介入して、村内一統で集まり、名主の不正を考える者はもちろん、「張札」をした者も一人もいなかったとして内済が成立した。名主の退役は実現されなかったが、火札を貼った者も罪が問われなかったのである。そして、三峰山《みつみねさん》▲へ代参を立て、三峰様・お犬様の力を借りて、「火防盗賊悪もの除」の護《ご》摩《ま》を焚いて村から追い出した。

▼**火札**　遺恨のある相手の家に対して、放火する旨を記して貼ったり、近くの路上に捨てておいたりした札。

▼**越石**　村内の耕地を他村の百姓が耕作すること。入作《いりさく》ともいう。

▼**三峰山**　埼玉県秩父市にある山。三峰神社の眷属である犬(狼)の札が、盗難・火難除けに効験があると、庶民から広く信仰されていた。

▼香具師　芸や見せ物あるいは巧みな口上で人集めをし、薬をはじめ粗製の商品を売る者。

若者組との対決

若者組との関係では、一八六〇(万延元)年正月十二日に下之宮村(現玉村町)で芝居興行があった。下之宮村の若者たちが、一八三六(天保七)年に病死した村出身の芝居師仙五郎の三十三回忌を記念して芝居を挙行したのである。さらに、仙五郎の石碑を建立しようとした。

事の発端は、江戸湯島《ゆしま》辺の久保町に居た弟子の勘十郎が、自分の代りに弟子の勘次を去未年(一八五九〈安政六〉年)十一月に下之宮村東林寺へ派遣し、仙五郎石碑料を持参し佐兵衛へ預けたことからはじまる。一八六〇年正月七日、勘十郎と弟子ども四人が参り手踊を催したいことを述べ、香具師《やし》▲仲間である利根郡沼田町の白十郎、鐘右衛門、緑野《みどの》郡栗須《くりす》村(現藤岡市)大太郎への連絡を佐兵衛に依頼した。佐兵衛から若者の世話人貞助・蔵吉、白十郎らに頼み、費用については見物人からの花代《はなだい》を残らず若者たちへ差し出すことにした。十二日に若者どもは村役人に連絡せずに東林寺境内に小屋を掛け、踊りを催した。また佐兵衛が世話人となって村内の空き地へ念仏供養塔を建て、若者たちが集まり台石を持ち寄った。そこへ香具師体の者五、六人が通りかかり、「手品物真似《ものまね》」をし、「手踊狂言」などを行なったのである。

出役を見て、勘十郎たちは逃げ去り、芝居の件で佐兵衛が世話したこと、村役人が芝居を中止しなかったことで吟味《ぎんみ》を受けることになった。八州廻りによって若者が召し捕らえられ、芝居に用いられた道具が焼き捨てられ、石碑も触《ふれ》達《たっし》で定められた寸法の範囲内で造られることになった。芝居師仙五郎の三十三回忌を記念するために、江戸にいた勘十郎が、仙五郎の出身地下之宮村の若者たちと香具師仲間を巻き込んだ事件であった。

三右衛門の村方騒動や若者組に対する態度は、大惣代の立場から村役人や若者組の地芝居や踊りの願いに対して厳しく対処した。

たとえば、一八五〇（嘉永三）年二月に宿横手《しゅくよこて》村（現高崎市）の稽古踊りを中止するように働きかけ、同村名主は中止する。同じ頃、上之手《かみのて》村（現玉村町）稲荷正遷宮につき手踊稽古の風聞があり、三右衛門は上之手村村役人に中止の手紙を送る。上之手村からは、「神事の義」なので、太々神楽《だいだいかぐら》をぜひ執行したいのでよろしく取り計らってくれるよう三右衛門へ頼んでいる。三右衛門は上之手村名主役人への手紙で、「甚々迷惑」なので断ると強く拒否している。

▼子分　三右衛門の子分は三〇人ほどいて、玉村宿周辺だけでなく上州一円に分布している。

このように、三右衛門は文政取締改革の精神で村方騒動や若者組に対して厳しい態度で臨んだ。小前百姓による名主の入札を求める動き、「押領」した名主の退役を求める動き、さらに、若者組の地芝居や祭礼を求める動きに対して、大物代の立場からそれらの動きを抑えようとしたのである。

そのため、三右衛門は悪口を言われることも多かったのである。一八五一年五月二十二日の日記によると、玉村宿六丁目湯屋で伊勢屋孫吉と前橋町の福田屋英次の子分沼吉が、火附盗賊方の手先への「悪言《あくげん》」だけでなく、三右衛門を大物代にもかかわらず「子分▲」を持っていると悪口を言っている。

三右衛門の徳川幕府に対する意識はどのようなものだったのだろうか。一八六三(文久三)年正月、高崎藩領の村々が植野天狗岩堰《うえのてんぐいわせき》より水を引きたいという要望を提出した時に、「神君様御入国以来」何の支障もなくこれまで年数が経ち、高崎藩領その外村々も「百姓永続」になり、暮し方も差し支えないと記し、徳川家康の関東入部以来、「百姓永続」の暮しが続いてきたと評価している。さらに、同年四月に勘定奉行中山誠一郎・関東取締出役安原寿作・臨時取締出役宮内左右平が廻村し、米相場について尋ねている時に、「権現様凡三百カ年近ク相成、我等共ニ至ル迄安楽ニ暮候」と述べているのを記している。

三右衛門には権現様以来三〇〇年続いている徳川幕府の政治体制を正統化し受容する意識があった。文政取締改革の理念を守り、村方騒動や若者組の地芝居や踊りの動きを抑えることが大惣代の立場であり、それを死守したのである。

八州廻りと火附盗賊改

三右衛門が相手をする主な幕府の役人は、八州廻りと火附盗賊改である。火附盗賊改は、江戸市中および近在を巡回して放火・盗賊・博奕を取り締まり、犯人の逮捕・裁判を行なった。一八六二(文久二)年以前は専任の役ではなく、先手頭《さきてがしら》▲や持頭《もちのかしら》▲が加役《かやく》(本職以外に臨時につとめる役)としてつとめていた。江戸時代、「加役」といえば火附盗賊改を意味した。一八六二年以降は、専任の役職となり老中支配となったが、一八六六(慶応二)年八月に廃止となっている。天保年間(一八三〇〜四四)頃から関東農村を廻村しながら犯罪を摘発することが多くなり、関東取締出役との職務の区別があいまいになった。

表4は玉村宿への幕府役人の廻村数を賄《まかない》数で表わしたものである。一日の

▼**先手頭**　先手組(弓組と鉄砲組)の組頭で、若年寄の支配下にあり、与力・同心を統率し、江戸城本丸諸門の警衛、将軍他行の際の警固にあたった。

▼**持頭**　持弓頭と持筒頭で、若年寄の支配下にあり、配下の与力・同心を指揮して、江戸城本丸の中門、西丸中仕切門、二の丸銅門などの守衛にあたり、将軍他行の際の警固にあたった。

賄数(食事の回数)は朝・昼・夕の三賄で、一八三九年が上賄(幕府役人への賄)一四八文、下賄(手先や使などへの賄)一二四文、一八六〇(万延元)年が上賄一五六文、下賄一三二文、一八六七年が上賄四〇〇文、下賄三五〇文である。

賄数から見ると、関東取締出役の廻村数が六一%と一番多く、次に火附盗賊改の同心及び手先衆が一七%となっている。一八五〇(嘉永三)年の国定忠治関係の賄数を除くと、それぞれ四五%、二四%となる。およそ二対一の比率である。三番目に多いのが佐渡奉行所の役人である。その他臨時取締出役、関東在方御役、江戸奉行所、大坂町奉行、普請奉行などの諸役人である。

一八五一年七月三日、上州群馬郡金井《かない》村(現渋川市)名主・組頭が、「風聞」がよくないために召し捕らえられた百姓喜作の貰い下げを火附盗賊改水野甲子二郎組堀良輔へ歎願する。堀が「(八州)取締にても我等途も、公儀御用は別ニなし」と述べているように、火附盗賊改でも関東取締出役でも公儀の御用に別はないことになる。金井村名主・組頭の堀良輔への歎願によって、喜作は貰い下げることができた。

桜井昭男(「火附盗賊方の在方廻村について」『関東地域史研究』第二輯)が指摘する

●—表4　玉村宿への幕府役人の廻村賄数

年	関東取締出役	同手先	臨時取締出役	岩鼻陣屋勘定奉行	火附盗賊改	同手先	佐渡奉行	その他
1836年	92賄				34賄	4賄		20賄
1839年	43賄		2賄	7賄	40賄			8賄
1844年	112賄				138賄		22賄	
1845年	180賄		30賄		44賄		39賄	
1848年	86賄	4賄	35賄		48賄	19賄		10賄
1849年	84賄		32賄	35賄	32賄		38賄	14賄
1850年＊	359賄	1309賄	12賄		52賄	14賄	72賄	
1852年	96賄	8賄	14賄	30賄	22賄	56賄		26賄
1853年	59賄	8賄		7賄	29賄	35賄	40賄	
1860年	87賄	58賄			28賄	74賄	156賄	12賄
1864年	82賄	56賄	22賄	74賄	184賄	126賄	61賄	62賄
1867年	589賄	104賄		40賄			52賄	271賄
合計額	1869賄	1547賄	147賄	193賄	651賄	328賄	480賄	423賄
	(61%)		(6%)		(17%)		(8.5%)	(7.5%)
総計　5638賄								

井田金七家文書(76)(80)(82)(87)(88)(91)(92)(93)(94)(190)(192)(193)より作成。
＊1850年賄数のうち、国定忠治関係賄数1579。

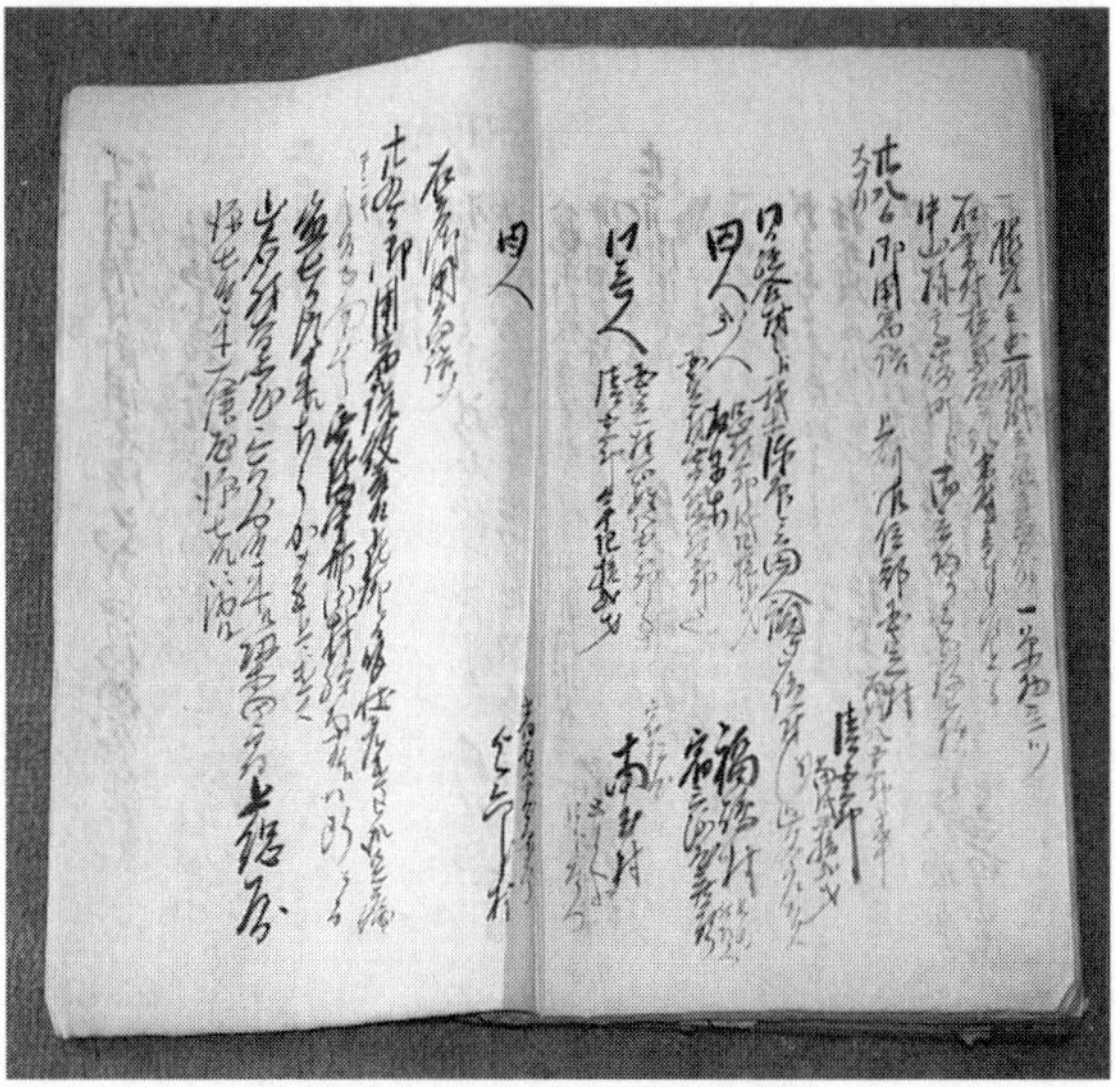

●—三右衛門日記に記載された国定忠治等の囚人　嘉永3(1850)年9月28日から10月15日まで、玉村宿は忠治関係の囚人を預かり多大な負担となった。

ように、村方は火附盗賊改よりも、八州廻りに差し出す方がよいという考えを持っていた。その理由として、火附盗賊改の同心が捜査費用捻出のために、犯罪摘発を増加させていったことが挙げられる。

三右衛門はこの両者をどのように考えていたのであろうか。一八五五(安政二)年八月、三右衛門は八州廻り関畝四郎から、大惣代の役儀をつとめながら火方(火附盗賊改)の御用もつとめているのははなはだよろしくない、大惣代は「(八州)取締の役人」なので、召し捕らえた者をこちらへ差し出すようにと言われる。大惣代は八州廻りの役人であると言われたのである。

これに対して、三右衛門は関東取締出役様の「役儀」と一筋に心得ており、火附盗賊改様は「江戸御役人様」で、「田舎へは全追込の義と承知」と述べ、田舎へは江戸市中からの追い込みのためにやって来ると承知していると答えている。しかしながら、田舎には用がないのに来て多くの引合《ひきあい》▲を呼びつけられるため、難渋する者が多くいると不満を述べている。百姓の難儀を助けるために火附盗賊改のご機嫌伺いをしているが、私に限っていえば、火附盗賊改へは差し出さず、八州廻りの旦那へ差し出していると答えている。ついには八州廻りの前で、

▼引合　事件などの証人、参考人になること。

火附盗賊改のことを「実ニ迷惑の御出役様方」と言い切っている。

八州廻りの関畝四郎は三右衛門に対して、火附盗賊改へのお目通りを止めるように忠告している。火附盗賊改が江戸市中からの追い込みのためだけでなく、捜査費用を捻出するために在方を廻村しながら犯罪を摘発していた。そのことを三右衛門は、用がないのに田舎へ来て多数の囚人を預け、改革組合村の入用を圧迫していると捉えていた。

火附盗賊改の同心・手先衆の廻村が、嘉永年間以降増加している。玉村宿の「大割帳」(井田金七家文書)によると、道案内をしていた関根屋三右衛門と火附盗賊改同心との関係、萬屋佐十郎と関東取締出役との関係が深い。一般に一回の賄数が一から三であるのに対して、関根屋の場合、嘉永元年に一〇賄・一二賄、同二年に一三賄、同三年に一二賄、同五年に八賄、同六年に一二賄と非常に多い。火附盗賊改の同心でも特に、堀良輔・横山清右衛門の廻村の時に賄数が多く、関根屋との癒着《ゆちゃく》が顕著である。

八州廻りの場合では、一八六〇(万延元)年の関東取締出役の廻村賄数八七のうち八一が道案内萬屋佐十郎の宿である。関東取締出役の不正が暴《あば》かれた合戦場一件の事件前の一八三六（天保七）年では、上賄が一〇〇文、下賄が七五文が相場であった。ところが、合戦場一件で処分された火附盗賊改同心の糸賀《いとが》敬助の場合、九月十九日夕から二十日朝まで上下二人で玉村に宿泊している。本来支払うべき金額は上二賄二〇〇文、下二賄一五〇文にもかかわらず、実際には上四賄二一〇〇文、下四賄一七四八文と一〇倍以上の金額が支払われている。

一八六三年の相模国一之宮《いちのみや》村（現神奈川県寒川町）寄場組合の請書でも、組合内で悪事があれば悪者を差し押さえ、関東取締出役の廻村先へ申し出ることを取り決め、悪者を見逃し火附盗賊改に召し捕らえられて、引合で難渋していることは「以之外《もってのほか》」であるとしている。さらに、組合村内で火附盗賊改の「手先同様の所業いたし候もの」（『寒川町史3』）を村役人が差し止めることを取り決めている。

このように、八州廻りと改革組合村との間には、なるべく火附盗賊改よりは八州廻りへ犯罪者を差し出すような暗黙の了解があった。親類・五人組や村役人が説諭しているにもかかわらず、農業を嫌い遊び歩くなどの素行の悪い若者への教諭が八州廻りにある。五人組や村役人でも説諭できないので、一同相談の上で、八州廻りに教諭を願い出る事例もある。

一八五四年の福嶋村五左衛門の場合もその一つの事例である。悪事の場を立ち廻るというよくない「風聞」が聞こえ、名主・組頭・百姓代の村役人や五人組の異見《いけん》も聞かず、八州廻りからの教諭を待つしかなく、それまで五人組に預けていた。そして、五左衛門を村役人・五人組一同で立ち会い、今後慎むよう説諭しても「不当」の答しか言わないので、五左衛門を「圏」に入れ、立ち直らない場合は「関東御取締御出役様」への教諭を願っている。八州廻りへ差し出す前に五左衛門の妻子が村役人へ取りすがり嘆き、村役人に詫びを入れたのでこの一件は解決している。

一八五七年南玉《なんぎょく》村(現玉村町)平次郎の一件は、八州廻りが実際に教諭した珍しい事例である。平次郎の祖父庄右衛門は高一〇〇石余りを所持し、名主をつとめた家である。聟養子重蔵へ家督《かとく》を譲り、重蔵には長男平次郎と次男庄三郎がいた。平次郎は酒色に耽《ふけ》り、飯売下女を誘引して女房を離縁させるような、平日農業を嫌い、大酒を好む男であった。そのため座敷内の圏に入れられたが、逃げた平次郎を親は勘当し、弟の庄三郎に家督を相続させた。平次郎が「改心」して帰農したので、兵右衛門名跡《みょうせき》を相続する名目で一〇石余りを分与することを親類一同立ち会いの下で取り決めた。一八五四年に名主重蔵が病死し、庄三郎が家督を相続した。ところが、一八五七年二月に庄三郎も病死し、幼い子供二人が残された。重蔵後家すみ、庄三郎後家かく、七〇歳を越えた目の見えない庄右衛門が残されたのである。

平次郎は実家へ帰らず、小作人揚金取集帳《あげきんとりあつめちょう》を隠し、出先で集金のできない時は乱暴に入り込むといった行動を取っていた。親や親類や村役人が度々異見しても従わないので、同年十一月に親・組合・村役人一同相談の上で、関東取締出役に教諭を願い出ている。玉村宿の「圏」の中に入れ、番人足賃と飯料そのほかの入用を支払うことにした。平次郎は玉村宿の「圏」から武州羽生町《はにゅう》(現埼玉県羽生市)へ移され、三右衛門も羽生まで貰い下げに出かけている。関東取締出役馬場俊蔵は、村役人や親類よりの異見を聞かず、親類を悪く心得え、帳面なども隠し置くことは勘弁ならずとして、平次郎を箱責《はこぜめ》▲にして、ほうきで尻を二、三十回敲いた。

このように、関東取締出役は文政取締改革の理念にそって身分統制・風俗取締と百姓への勧農教諭による農村再建を図ろうとしたのである。改革組合の

▼**箱責**　えび責ともいう拷問の一種で、罪人にあぐらをかかせ、両足首を一つに結ぶ。そして足首から首に縄を掛け、前の方へだんだんに締め寄せ、体をエビのように折り曲げるもの。

村々は、本来江戸市中を取り締まるべき火附盗賊改の同心が関東農村を廻村し、犯罪摘発そのものが目的となり圏に多数の囚人を預け莫大な入用をかけたことに不満を募らせていったのである。ここに、改革組合の村々が八州廻りよりも火附盗賊改の方を忌避《きひ》していた理由がある。

八州廻りと高崎藩領の村々

関東農村では火附盗賊改との問題だけでなく、個々の領主権力と八州廻りとの問題もあった。博奕《ばくち》の犯罪者の逮捕は八州廻りの権限であったが、村役人が領主へ届け出ることもあった。一八五四(安政元)年閏七月に角淵《つのぶち》村の博奕一件で、村役人が領主の高崎藩へ届け出たことに対して、三右衛門は八州廻りの検断であるとして角淵村役人を非難している。閏七月二日に高崎藩役人が、博奕宿平五郎ら六人を召し捕らえ高崎へ連れて行ったが、三右衛門は角淵村役人の「不心得」と怒りを顕わにする。博奕について高崎藩の出役が召し捕らえるのは「御法度相破候」と非難している。

高崎藩の出役が博奕犯罪者を召し捕らえたことを、三右衛門が「御法度」破りと非難したのはなぜか。前年の一八五三(嘉永六)年七月に、玉村改革組合村二四カ村の「示談取究書之事」では、博奕を催した者はいずれの村でも差し押さえ、「御廻村先又は其筋」へ差し出すことを取り決めていたのである。廻村先とは関東取締出役であり、其筋とは勘定奉行所のことを指している。このような取り決めがあったにもかかわらず、角淵村の村役人が博奕犯罪者を高崎藩の出役に引き渡したことを法度破りと非難したのである。さらに、角淵村役人が改革組合村会合に出席せず、組合村一同が「立腹」した。一度や二度の欠席ならともかく、三右衛門によると角淵村役人の欠席は四度も五度もあったのである。

しかしながら、角淵村はすでに一八〇〇(寛政十二)年に博奕の宿、他所へ行って博奕をした者へ一五貫文、五人組へ二〇貫文、親類へ五貫文ずつの過料銭を科すことを取り決めた村議定を高崎藩へ提出していた(関根光久家文書「定置一札之事」)。同年角淵村重五郎の博奕の場合は、廻り筒一〇〇銭、二〇〇銭の賽《さい》博奕四度の博奕のため、火附盗賊改池田雅治郎によって中追放の処分が下され、重五郎の田畑家屋敷は闕所《けっしょ》▲となっている。このような重度の博奕犯罪を除けば、高崎藩領内における軽度の博奕違反者への藩の処分は一〇〇敲《たたき》・五〇敲程度の

▼闕所　江戸時代の没収刑。死罪・遠島・追放などの付加刑で、重追放は田畑・家屋敷・家財、中追放は田畑・家屋敷、軽追放は田畑が没収された。

ものが多かった。

一七九四年の触で博奕に関する代官の権限が強化され、敲、重敲（およびそれ以下の刑）を勘定奉行所へ伺い出ることなく、手限りで申し付けることが認められた。幕府の代官のみならず、私領の領主地頭にも、犯人が幕府領の者であろうとも、私領の者であろうとも、相互に掛け合いの上勝手次第に処罰することが認められた。

たとえば、一八一八（文政元）年高崎藩領の棟高《むなだか》村（現高崎市）と元惣社《もとそうじゃ》村（現前橋市）の百姓が、前橋藩領引間《ひきま》村（現高崎市）善太郎宅で丁半賽《ちょうはんさい》博奕を行ない召し捕らえられた。高崎藩は二人の処分を前橋藩に依頼し、前橋藩は出牢の上三貫文の過料銭を科して村役人へ引き渡している（藩法研究会編『藩法集5』）。この場合、前橋藩と高崎藩との間で掛け合いが行なわれ、前橋藩が高崎藩領の百姓への処分を下している。

博奕の犯罪者の逮捕については、改革組合村の大惣代と高崎藩領の村役人との間には、以上のような齟齬《そご》があったのである。改革組合村において、藩領の村における博奕の検断権は制限されるようになるが、八州廻りに一元的に掌握されていたとは言い難い。

一八六八(慶応四)年一月に関東取締出役渋谷鷲郎が岩鼻代官所の銃隊取立の通達を出した時、玉村宿改革組合村内の高崎藩領の村々が藩に伺いを立て、藩からは差し出す必要がないとの返事があり、銃隊取立に協力していない。この場合も八州廻りの通達が、高崎藩領の村々では拒否されたのである。

道案内の不正と入用の負担増

玉村宿の道案内を選ぶ際に、八州廻りと改革組合村との間で緊迫した場面があった。一八四四(弘化元)年四月四日、道案内の見立ての時に、改革組合村は村役人が道案内をつとめると主張すると、出役は高圧的になり、直ちに御用があるので早速請書して、月番・日番を申し上げるようにと命令したのである。村役人たちは「一同当惑」して、道案内を玉村宿上新田の萬屋甚四郎(佐十郎)・関根屋三右衛門に金一〇両で頼んだのである(その後道案内は無給となる)。

八州廻りは、犯罪者を逮捕するために道案内を博徒や無宿などに頼らざるをえなかったのである。一八五三(嘉永六)年二月十一日、萬屋佐十郎方で賭勝負が六、七日続いたと記され、道案内の家で博奕が公然と行なわれていた。子分の名胡桃《なぐるみ》村(現みなかみ町)角右衛門は平日無宿を集めて博奕を渡世とし、集めた金を盆暮に佐十郎へ持参していた。

一八五二年七月、火附盗賊改同心中山登右衛門の手先秀吉が、玉村宿道案内の萬屋佐十郎親子、関根屋三右衛門から打擲を受ける一件があった。秀吉が道案内の萬屋佐十郎の子分川井《かわい》村無宿政吉を召し捕ったのであるが、問屋の新右衛門が秀吉を「似せ役」と叫び、萬屋佐十郎親子、関根屋三右衛門、その他大勢に打擲されてしまったのである。それだけでなく、秀吉は岩鼻役所へ引き立てられ牢屋へ入れられたのである。「盗賊」「無宿」の政吉が逆に秀吉に縄をかけている。

一八五四(安政元)年十月、火附盗賊改同心横山清右衛門から、関根屋三右衛門でないと盗賊取り調べができないので、引き続き御用宿を申し付けたいという相談があった。玉村宿の問屋たちは関根屋にすることに賛成したが、翌年六月に改革組合村は関根屋が火附盗賊改の同心たちを招き村々への入用が嵩《かさ》むとの理由で反対し、御用宿を旅籠屋仲間で順番につとめることを主張した。両者の内済が六月に成立し、御用宿を順番でつとめること、関根屋は三カ年休業とすることが取り決められた。

関根屋のような旅籠屋はどの宿にもいたようである。上州板鼻宿《いたはな》(現安中市)でも、一八四七年に宿年寄は旅籠屋健次郎が多数の囚人を預かり、火附盗賊改の「定番」となり、「手先」と唱えていることに異議を申し立て、旅籠屋で順番につとめることを関東取締出役へ願い出ている。

一八五六年二月十二日に三右衛門は、伊勢崎町改革組合村大惣代森村園右衛門から書状を受け取った。本庄宿での「火附盗賊御役所」への「歎願一条」の集会への参加を要請されたのである。新町宿組合五一カ村・吉井村組合二六カ村・伊勢崎組合七五カ村・本庄宿組合六六カ村・板鼻宿組合三五カ村などの改革組合村が参加している。その内容は、火附盗賊改が召し連れてくる手先衆と岡引が御用宿へ大勢で立ち入り、「御上」を品よく申し偽り、引合のもの(参考人・証拠人)を威嚇して余分に日数を取らせたり、謝礼を支払わせたりして雑費入用が嵩むようにしむけた。貧窮な百姓の場合、江戸への引合を厭《いと》い、仕方なしに謝礼を払ってその場で済ませてしまう。特に、本庄宿では、火附盗賊改の出役

▼高瀬仙右衛門　無宿博徒世界に身を投じ、信州で侠客としてならしたが、堅気の世界に戻り邑楽郡大久保村の名主をつとめ、川俣村外三九カ村改革組合村の大惣代となった。

が二人三人でも一軒ずつ止宿し、一八五四年の秋には四人が止宿し三〇人以上の囚人を連れて来て圏へ入れたため、多数の番人足と飯料の費用が嵩んだことを訴えている。しかしながら、この歎願書は提出されなかった。

そして、玉村改革組合村では、一八五六年四月四日に組合村と宿との間で議定が取り交わされた。去年より萬屋佐十郎と関根屋三右衛門の二人について、道案内の願い下げが出されていたが、仲介に入った扱人の大久保《おおくぼ》村(現板倉町)高瀬仙右衛門▲が八州廻りの意向を受けて両人を引き続きつとめさせることとし、新たに二名の道案内を選出することで合意を得ることになった。諸雑費の負担も、組合村内で無宿を差し押さえた場合、八州廻りなどへ書付を差し出し、それが到来するまでの賄いと番人足賃をすべて宿方で負担することで大方の合意が得られるところであった。しかし、玉村宿の金七郎と清兵衛がこの費用を宿と組合村の惣高で負担すべきだと主張して、書き直しを要求したのである。これに対して扱人の高瀬仙右衛門が、金七郎がぶつぶつ口のなかでつぶやき、清兵衛が書き直しを言い立てるよりはやく、何を申す、「彼是《かれこれ》申ハ事ヲもむと申もの也」と切り返し、宿方の異見を抑えて合意が成立したのである。

その内容は、第一に、囚人預けについては、八州廻りの廻宿の際に番付を仰せ付けられた費用は、番給・飯料はすべて組合村方で賄う。第二に、書付で囚人を圏入に預けた場合の費用は、番給・飯料そのほかすべて宿と組合村の高割で賄う、第三に組合内で無宿の者を差し押さえた分の費用は、番給・飯料すべて宿方が賄うことで内済が成立した。ただし、道案内人が組合内で差し押さえた囚人の分は、宿と組合村の高割で賄うこととなった。また、道案内については、新たに組合村から角淵村嘉伊吉と飯嶋村弥三郎の「手堅」い者を選んでいる。この一件をまとめた高瀬仙右衛門は、博徒の経験のある川俣改革組合村の大惣代であった。

圏のある寄場親村と改革組合村との間では、諸費用の負担をめぐって各地で争いがあった。相模国高座郡一之宮村外二七カ村の改革組合村では寄場入用をめぐって争い、一八五九年正月に議定書が結ばれた。それによると、①御出役様御賄入用、②御供入用、③御用状御継立、④御継立人足、⑤寄場役人飯料、⑥筆墨代を寄場親村が負担し、⑦御手先入用、⑧組合村へ御廻状継立人足、⑨大小惣代給料并飯料、⑩道御案内壱人給料、⑪定使壱人給料、⑫囚人御預入用、

⑬囚人駕籠幷榾縄《ほたなわ》入用、⑭蠟燭紙代を組合村二七カ村の高割で負担することにした。

二足の草鞋を履く男たち

玉村宿の道案内たちの悪事は、その後もあまり変わっていない。一八五八(安政五)年十一月十九日、玉村宿上新田の博奕部屋が繁昌していて、関根屋三右衛門や無宿六之助、その他無宿三十数人で博奕をしていた。翌日関根屋は三右衛門へ詫びに来るが、三右衛門は「博奕部屋」の件で、今後このようなことがないよう厳しく注意している。萬屋佐十郎に対しても、一八六〇(万延元)年五月十二日、御用のつとめ方、心得方がよくないので、今後心得違いがないように注意している。

道案内の職務としては、①手配者の召し捕り、②村方出入や手配者の内探、③村方出入の内済、④召し捕り人の護送、⑤大惣代の出先への供、⑥取締出役の廻村先、江戸役宅への書付の届けなどがある。

ここでは、三右衛門が見てきた火附盗賊改の手先たちの様々な不正を挙げて

▼囚人差し押さえの場所書付
囚人を差し押さえた場所の村役人が関東取締出役へ提出した書付。

みよう。

一八五七年五月三十日に小泉村丑五郎を召し捕らえる一件があったが、三右衛門は火附盗賊改の旅宿新町宿高橋八右衛門と川井村目明《めあか》しの丑五郎による逮捕に疑問を持っていた。火附盗賊改の見込みといっても「田舎の手先」の所業であり、目明しの丑五郎は江戸へも参らず村方にいる者で、江戸の犯罪者を「追込」んだわけでもない。盗まれた人もいないのに見込みで捜査し、旦那よりの命令と申す「場所書付▲」を取り盗賊を召し捕らえている。悪事をした者を召し捕らえるのは有難いことであるが、だんだん違法なことが重なり、盗まれたと申す人にも面談し、正邪を承る必要があると述べている。三右衛門は丑五郎に、「私も五十余歳になり、火附盗賊改はもちろん、関東取締出役、手先の所業を詳しく知っている。そのような役人に対しどのような申し訳をするのか、人を見ることを知らない〝ほんくら野郎〟」と啖呵《たんか》を切るのも、火附盗賊改の手先に対する根深い不信があるからである。

一八六二(文久二)年十一月囚人栄吉は五料宿《ごりょう》(現玉村町)で召し捕らえられた。囚人差押えの場所書付を取るが、地元役人への届出がなかった。場所書付を書

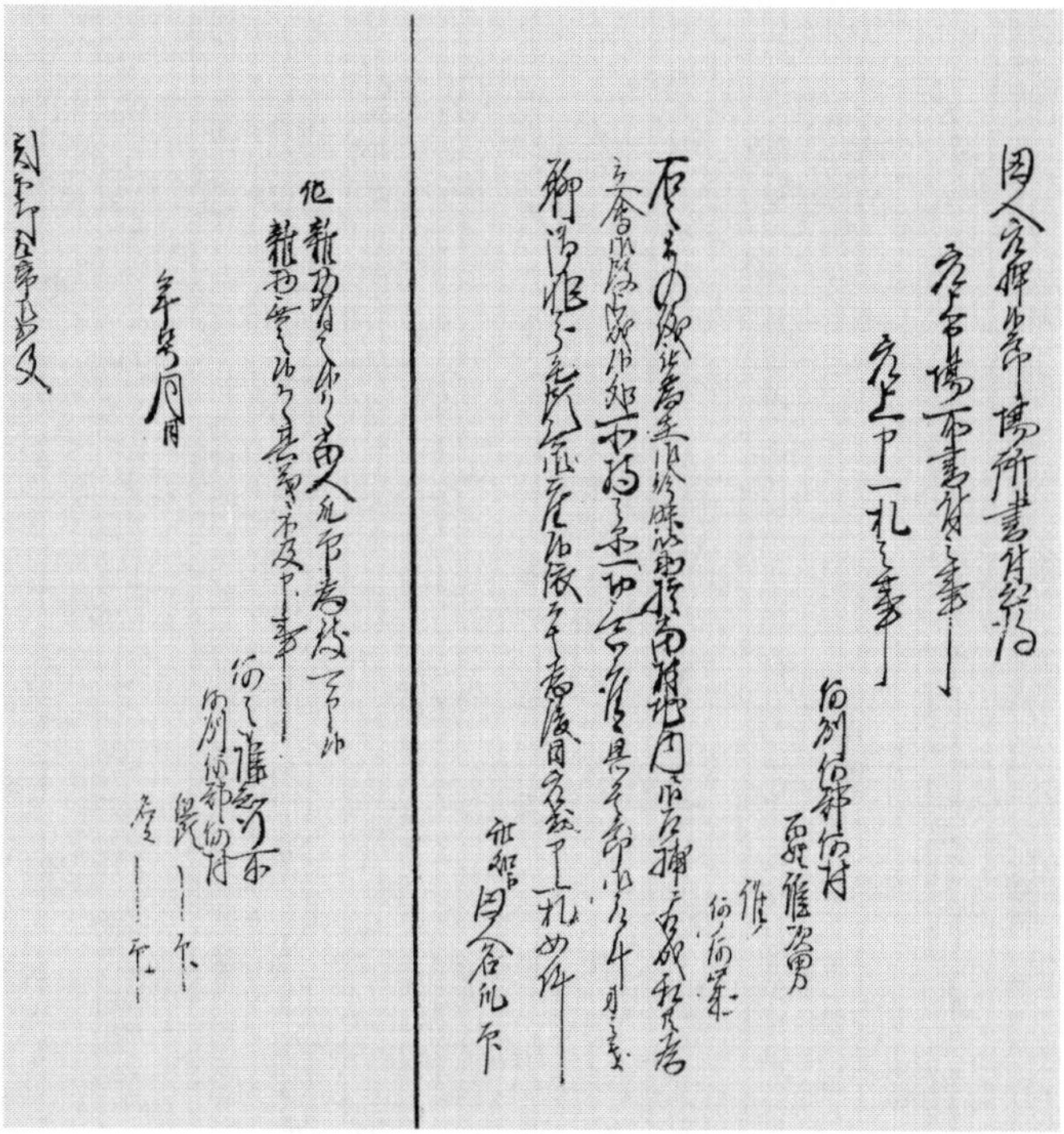

●―囚人差押えの場所書付　　渡邉壽美保家文書「関東御取締向振合書」

いたのは火附盗賊改同心磯田寿郎の手下であったが、実際には囚人差押えの場で場所書付を取っていないことがわかった。地元役人が召し捕らえられた場所に立ち会っておらず、三右衛門はこのことを「御公儀御用」にもかかわらず「盗御用」のようであると非難している。

一八六四(元治元)年三月、関東取締出役に差し出すはずの囚人多市が、火附盗賊改同心の磯田寿郎に連れて行かれることになった。三右衛門は多市を貰い下げるように、伊勢崎町銭屋良助に旅宿している磯田の家来へ働きかけ、家来は吟味がないように取り計らうことを約束した。ところが磯田は、多市が先年も召し捕らえられた悪事があり囚人として江戸へ送るという理由で、三右衛門の願いを斥《しりぞ》けている。三右衛門は磯田の処置に従い多市の貰い下げを引っ込めるが、今後火附盗賊改同心の家来や手先を「偽りもの」として対応すると述べて引き下がった。

一八六五(慶応元)年七月、三右衛門は関東取締出役木村樾蔵へ武州児玉郡小嶋村百姓五右衛門厄介《やっかい》寅吉の村預けの願いを提出している。寅吉が火附盗賊改土子《つちこ》健次郎の手配とされていたからである。その理由は、土子の手先直次郎が小作をしている桑畑の桑を、寅吉が間違えて取ったためである。寅吉は直次郎に詫金《わびがね》一両を差し出したが、この「桑の怨恨」のために火附盗賊改の「手配」を受ける羽目になってしまった。まさに手先の私怨のために犯罪者とされてしまう事例である。三右衛門の日記に出てくる不正は、このような火附盗賊改の手先に拘わる事例が多い。

道案内の問題では、一八六七年七月から十月頃に差出人上野国群馬郡・那波郡・佐位《さい》郡・吾妻郡・利根郡・勢多郡・山田郡の七郡の「村々役人小前末々迄」が、勘定奉行小栗上野介・都筑駿河守・溝口伊勢守・小出大和守宛に提出しようとした「御取締向御歎願書」（渡邉壽美保家文書）の下書が残っている。実際には提出されなかったが、玉村宿道案内佐十郎と弥三郎の悪事を告発したものである。三右衛門日記にも詳しく記録されており、玉村宿の内部事情に通じ、三右衛門本人かそれに近い者が作成したことが考えられる。

それによれば、一八六六年十月玉村宿新田庄助店借家佐太郎宅で博奕が催され、関東取締出役宮内左右平の名前で、道案内の佐十郎と弥三郎ら一〇人が踏み込み、前橋町、佐位郡今泉《いまいずみ》村、山田郡大間々《おおまま》宿、同郡桐生新町、同郡天王《てんのう》宿《じゅく》村、勢多郡阿左美《あざみ》村の百姓七人を召し捕った。踏み込んだ際に関東取締出役の宮内はその場にいなかったが、佐十郎が宮内様を伴って来たという口上で踏み込み逮捕した。逮捕された七人は金一二三両二分を所持していたが、佐十郎と弥三郎は彼らに金を出すよう脅迫し、手入の際に佐太郎がおいていった金一六両一分、勢多郡多那《たな》村（現沼田市）庄右衛門の所持金九五両三分を奪い取ったのである。

そして、四人村々の役人や引合人より道案内へ礼金を支払うことが多い。たとえば、一八六六年七月取締出役木村樾蔵が玉村宿を廻村する際、佐十郎の旅宿四人上州国定村百姓房吉・由五郎たちの取り調べの節、引合人たちから多分の金子を集め、三の間の配当割合金四両、小嶋村道案内芳蔵へ四両、伊勢崎町組合道案内亀吉へ二両、新町宿道案内央蔵代り栄蔵へ八両が支払われ、佐十郎・弥三郎両人も多くの礼金を受け取っている。

また、一八六七年二月取締出役宮内左右平が群馬郡古市《ふるいち》村百姓初太郎ら四人取り調べの際、四人引合人から四〇両を集めていたという。二月九日、十日に永楽屋鷲五郎方で昼夜五、六日間「ちぼ」と名づけた賭勝負を行ない、部屋頭の六之助や道案内の佐十郎をはじめ無宿無頼の者を大勢集めている。十月五日には六丁目二見屋清次郎宅で同様の博奕を催している。道案内の関根屋が毎日人足部屋へ詰め、博奕を家業渡世にして、道案内の御用を何年もつとめていないと非難している。

佐十郎と弥三郎の両人はふだん人足部屋頭方へ行き酒食に耽り、関東取締出役廻村の節に「三ノ間」と唱え道案内人が詰め合い、うどん、そば、すし、汁粉を食べており、二人の「私欲勝手」は、「人々の為筋」にならず、諸人が難渋している。出役がいなくなれば何をされるかわからないので、出役に対しても道案内を恐れて発言しない。佐十郎と弥三郎の所業をこのまま放置したら、遠からず「人気騒乱」に及ぶことは目に見えているとしている。道案内の萬屋佐十郎は、岩鼻の「御陣屋附目明」としても権威を振るっていたのであり、佐十郎の背後には岩鼻陣屋があった。

以上のように、この歎願書の下書は、道案内の腐敗や悪行を取締出役が知らないでいることの現状を、「依《え》怙《こ》贔《ひい》屓《き》の御沙汰」「御取締筋御威光に拘」ることと認識していた。

③—忠治伝説の形成

無宿の暗躍

十八世紀後半から十九世紀初頭の関東の農村を見ると、博奕、地芝居、遊日の増加や無宿の横行などの深刻な治安問題を抱えていた。近世社会の刑罰は、村制裁も幕府の刑罰も共同体からの排除が基本であり、排除された者たちが新しい犯罪予備群を形成してゆくという悪循環の構造をもっていた。無宿や博徒《ばくと》などの逸脱的社会層は、十八世紀末から明治十年代までの間、かなりの厚さで存在しつづけ、絶えず社会秩序と権力支配を脅かしたのである（安丸良夫「『監獄』の誕生」）。

博徒の集団は互いに盃《さかずき》をかわす親分・子分の強固な関係を結びながら、貸元である親分が「縄張り」（賭場を開く勢力範囲）を拡げ、縄張り争いが博徒集団の衝突の原因となった。十九世紀前半の上州では、大前田栄五郎《おおまえたえいごろう》▲、国定忠治、島村《しまむら》の伊三郎《いさぶろう》▲などの博徒の集団が、地域社会に一定の影響力を持っていたのである。

犯罪者の捜査や逮捕の実際面を担ったのは目明しであり、犯罪事情に通じた

▼大前田栄五郎　上野国勢多郡大前田村（現前橋市）生まれの博徒。本姓は田島氏。二五歳の時久宮《くぐう》丈八を殺してお尋ね者になる。捕らえられ佐渡に流刑されるが、島抜けして名古屋に勢力を張り、尾張藩の庇護をうけて二足の草鞋《わらじ》の親分となった。関東から東海地方にまで影響力を持ったといわれる。

▼島村の伊三郎　本名町田伊三郎。島村（現伊勢崎市）の前島の生まれで、若い頃に牧西の兵助の弟分となり、島村から木島辺までを縄張りとしていた。一八三四（天保五）年七月二日の夜、忠治や三ツ木の文蔵たちに襲われ殺害された。

犯罪者のネットワークを利用していた。近世後期の目明しは同心の私的な使用人であり、警察権を笠に着た地域の顔役、寄生的存在であり、博奕の寺銭、密通事件に介入して礼銭を受け取っていたのである。

玉村宿改革組合村には様々な犯罪者がいたが、川井村の無宿政吉はその典型であろう。前述したように、問屋の新右衛門が火附盗賊改同心の手先秀吉を「似せ役」と叫び、萬屋佐十郎親子、関根屋三右衛門、その他大勢で打擲し、秀吉を岩鼻役所へ引き立て牢屋へ入れてしまったのである。召し捕らえられるはずの無宿の政吉が逆に秀吉に縄をかけてしまうのである。政吉は一八四五(弘化二)年九月中に村から出てゆき、火附盗賊改水野甲子二郎組の堀良輔に召し捕らえられ、一八四六年に村の人別帳から外されている。道案内萬屋佐十郎の子分となり、一八五三(嘉永六)年二月三日の夜、下茂木村佐市方へ盗みに入り一三の品物を盗んでいる。六日に道案内の関根屋三右衛門が政吉を玉村宿の圏に入れるのであるが、縄をかけずに入れた。

そして、政吉の悪事が次々に明らかになる。玉村宿六丁目の借家小松屋は、前年(嘉永五年)政吉にまゆ代一両二朱を盗まれた。三月二十五日夜に玉村宿金井玄礼に盗みに入り、七月朔日に大津屋から蚊帳《かや》を盗み、二日に四丁目吉野屋太兵衛へ質に入れ、下滝《しもたき》村車屋より米一俵を盗み取り、飯嶋《いいじま》村車屋治兵衛より米を盗み取り、沼之上《ぬまのうえ》村穀屋安五郎へその盗品の米を売っている。また、一八五三年の正月に川井村百姓善蔵裏の土蔵を破り、男女の衣類七品を盗み取っている。このような悪事は政吉だけに限らない。

一八五〇(嘉永三)年に捕らえられた上乗附《かみのっつけ》村無宿長次郎と一八六三(文久三)年の福嶋村無宿巳之吉の盗みの悪事は、三右衛門を驚かす内容であった。

無宿長次郎は一八四六(弘化三)年八月から五〇年四月までの四年間にわたって新町宿・玉村宿周辺の村から木綿・米・かなべらなどの着物、米、農具を盗み、近村の質屋や倉賀野宿の人足部屋へ質入れをしていた。盗品の件数は二〇件、金額は金二両と銭五七〇〇文であった(表5参照)。

無宿巳之吉は、一八六三年の正月から十一月までに高崎・前橋・伊勢崎・原市・下仁田・藤岡の呉服店などから結城木綿・太織縞・縮緬・薩摩かすりなど計一九反を盗み、高崎新町の小鉄買入熊吉や高崎荒町小鉄買茂吉へ売り払った。一三件の盗品で金額は合計六両二分一朱であった。無宿巳之吉の盗みの範囲は、玉村周辺だけでなく、下仁田《しもにた》(現下仁田町)・原市村《はらいちむら》(現安中市)までの広い範囲に及んでいる。三右衛門はこのような悪事をする無宿を自村に抱えていたのである(表6参照)。

幕末の玉村宿には、数人の無宿が連れ立って押しかけてきた。一八六二年十一月二十三日、玉村宿に長脇差を指した「悪党」四人が来たので、道案内下使の者まで手配して五料宿《ごりょう》まで追いかけた。山林で一人、利根川原渡舟場で二人、合計三人を差し押さえた。その三人とは、出雲国島根郡松江横浜町《よこばま》(現島根県松江市)能登五郎(二一歳)・越後国刈羽郡《かりわ》井岡村《いのおか》(現新潟県刈羽村)五百次(二一歳)・信濃国中伊那郡戸野嶋村(現長野県伊那市)寅次(二〇歳)である。この三人が出会った様子は、以下の通りである。

能登五郎は髪結で、前年の八月に越後国長岡町へ行き、同所庄之助の子分となり、柏崎町の喜之七方で五百次と親しくなった。五百次は母から勘当され、近村を立ち回り、柏崎町で能登五郎と会う。二人で下野国梁田宿《やなだ》(現栃木県足利市)へ出かけようとしたが、西浜村丹次方で善光寺出生の万吉と出会い三人連となる。さらに、信州小諸宿の松並木で寅次と出会い、四人連となった。寅次

●—表5　上乗附村無宿長次郎の盗品一覧

盗み年月日・場所・盗品		盗品売先の店・代金
弘化3年8月	下瀧村四郎兵衛・単物1つ	上瀧村小天狗へ金2朱と200文で質入
9月	乗附村藤蔵・木綿竪縞袷1つ	高崎本町部屋頭稲葉へ金1分で質入その後藤蔵品物受け出し
嘉永元年正月	下瀧村鉄五郎・木綿竪横縞袷1つ	下瀧村天田善兵衛へ金2朱と400文で質入
4月	下瀧村卯八・木綿縞袷1つ	八幡原村豊次郎を頼み下斉田村質屋へ600文で質入
4月	中斉田村清六前熊五郎・木綿半天1つ	下斉田村春吉へ300文で渡す
5月	下斉田村又右衛門・木綿単物1つ	上瀧村寺門前喜次郎へ600文で預ける
9月	萩原村喜太郎・木綿単物1つ	高崎田町幸吉へ金1分で質入
11月	中斉田村佐太郎・木綿縞袷1つ	下斉田村春吉へ600文で預ける
嘉永2年3月	下斉田村元次郎・木綿縞袷1つ	下斉田村字原の寅吉へ金2朱で預ける
4月	芝崎村幸吉・木綿古半天1つ	八幡原村質屋・200文で質入
4月	下瀧村車屋文左衛門・木綿単物1つ	八幡原村質屋本次郎へ質置、下斉田村春吉へ400文で質入
6月16日	萩原村兵吉・木綿単物1つ	下斉田村栄吉を頼み八幡原村本次郎へ金2朱と600文で質入。その後兵吉に「操戻」る
8月	下瀧村天田善兵衛・米2俵(5斗入)	下斉田村幸七へ金3分2朱で売払
8月	下斉田村茂吉・木綿単物1つ	東箱田村幸四郎へ600文で預ける
9月	下瀧村吉五郎・かなべら2挺	八幡原村質屋へ300文で質入
12月	上瀧村林蔵・木綿竪横縞袷1つ	上瀧村新田又蔵屋敷薪の間に隠す
嘉永3年正月	萩原村瀧三郎・木綿縞袷1つ	倉賀野宿人足部屋へ600文で質入
4月	板井村玉吉・木綿単物1つ	萩原村つね蔵下男卯八へ預ける
4月	倉賀野宿人足部屋・じゅばん1つ	下斉田村栄吉へ300文で質入
4月3日	古鉄買(名前失念)・かなべら6挺	萩原村喜次郎へ頼み同村高蔵へ2朱で質入

「三右衛門日記(二)」(『玉村町誌』別巻V)より作成。

●―表6　1863(文久3)年福嶋村無宿巳之吉の盗品一覧

盗み月日・場所・盗品		盗品売先の店・代金
正月8・9日	高崎田町湊屋・縮緬1反	高崎新町小鉄買入熊吉へ金3分で売払
正月22・23日	前橋竪町河内屋・結城木綿1反	高崎荒町小鉄買茂吉へ金1分1朱で売払
2月6・7日	前橋竪町西側寺の門北角の店・太織縞1反	高崎荒町小鉄買茂吉へ金2分1朱で売払
2月20日	伊勢崎大十より三軒目呉服屋・太織縞1反	太田宿在新井村百姓常吉借家香具師鶴五郎へ2分1朱で質入
3月27・28日	前橋竪町河内屋・薩摩かすり1反	高崎新町小鉄買入熊吉へ金2分2朱で売払
7月13日	原市村麻屋・結城木綿2反	高崎荒町小鉄買茂吉へ金2分2朱で売払
7月25・26日	高崎清水観音・結城木綿1反	高崎荒町小鉄買茂吉へ金1分1朱で売払
9月7・8日	下仁田村呉服店・結城木綿3反／同店より左側塩・呉服店・結城木綿2反	妙義旅籠屋(かんべ屋)へ金1両2分で質入
9月21日	高崎連雀町鍛冶屋隣・木綿縞1反	高崎荒町小鉄買茂吉へ金1分で売払
10月2・3日	藤岡町新井呉服店・結城木綿1反	高崎新町小鉄買入熊吉へ金2分で売払
10月15・16日	藤岡町丸八呉服店・結城木綿2反	高崎新町小鉄買入熊吉へ金2分で売払
11月2・3日	伊勢崎大十・結城木綿2反	前橋古鉄買兼へ金1分で売払
11月14・15日	伊勢崎竹屋・結城木綿2反	前橋兼へ金1分1朱で売払

「三右衛門日記(四)」(『玉村町誌』別巻Ⅶ)より作成。

は紺屋職で渡り歩き、八月に甲州丈吉の子分となり小諸宿松並木で三人に出会うのである。出雲・越後・信濃という出身が異なる無宿たちが出会い、数人のグループを作って長脇差を帯して諸国を廻り、玉村宿を訪れるような状況があった。三人は召し捕らえられたのであるが、翌一八六三年正月二十一日に、五百次は忍《おし》城内の借牢から「破牢」して逃げ去った。

　幕末期になると、このような無宿たちは一定の集団を組み、無宿七、八人が強盗して、百姓が夜分通行できず、農業を安心して行なえない状況になる。悪党強盗が横行し、近村の所々へ昼夜の別なく押し込み、抜身《ぬきみ》あるいは鉄砲・鑓《やり》で威し手疵《てきず》を負わせ金銭を奪い取っている。一八六四（元治元）年二月に、邑楽《おうら》郡小泉村（現大泉町）の隣村吉田村無宿仙之進が頭取となり、無宿七、八人が集まり、強盗をしている。取締が行き届き、安心して農業に出精できるように、また夜分の通行もすべて安心してできるように、山田郡龍舞《りゅうまい》村（現太田市）名主・組頭が岩鼻御役所へ歎願しようとした。同年龍舞村役人は「近年浪人悪党強盗等所々徘徊」（『太田市史史料編近世2』）しているので、治安維持と非常の備えのために鉄砲二挺を拝借することを願い出ている。

八州廻りは、地域の顔役、無宿や博徒などを道案内として使用していた。上州新田郡強戸《ごうど》村(現太田市)の岡部家文書にある一八四七年に作成された「要文記」を見てみよう。

「要文記」は、太田宿下宿役人の与左衛門とその子分たちの様々な悪行を告発し、岡引の人数の減少を求めている。与左衛門は八州廻りの旅宿をつとめ、「岡引」を唱えて子分を数人持つ「御用手先の頭」であった。与左衛門の数人の子分が「岡引渡世」をし、博奕の「貸元胴取」をしており、与左衛門へ賄賂を贈っている。たとえば、岡引が奉公人を大勢集めて博奕を催したり、若者たちを頼み「御用博奕」と唱えて博奕を主催した。太田町には常時三カ所に博奕場があり、岡引たちは、本来取締出役の手先として、博奕などの悪事を取り締まるべきであるにも関わらず、「悪党」どもと馴れ合っている。

たとえば、一八四三(天保十四)年は稲が豊作だったので、太田宿改革組合村の各村々で踊りがあったが、与左衛門に賄賂を贈っていた村々は興行しても咎《とが》められなかったのに、賄賂を贈らなかった村々は若者だけでなく村役人までが縄をかけられてしまった。また、与左衛門は、召し捕らえた質屋や穀屋の有徳

▼イギリス型　中央権力が地方権力はもとより、地方の民衆社会まで掌握していて、地方社会に義賊が現われる余地がない。あったとしてもきわめて例外的で、日本の近世社会もこれに相当する。

の者を、三〇両の賄賂で「縄付御免」として釈放に手を貸している。

「要文記」は様々な事例を挙げながら、手先・岡引たちの御用が表向きばかりで「私欲」を常としていること、出役一人に彼らが一四、五人から二〇人も付き添うために休泊入用が嵩み、寄場宿入用の「迷惑」となり、改革組合村の「難渋」となっていることを告発している。岡引の人数の減少と、公儀の「御威光」を笠に着て権威を振るう者たちに、厳重な処分を下すことを要望している。

そして、国定忠治が捕まらないのは、忠治が岡引へ金子を遣わし、取締出役の廻村の情報を入手し、逃げ去ってしまうことを理由に挙げている。

忠治伝説の形成

義賊《ぎぞく》伝説は世界中にある。ロビン・フッド伝説もその一つである。十二～十三世紀頃のイギリスにおける伝説上の義賊の一人で、緑の服を着て、シャーウッドの森で愉快な仲間たちと暮らし、悪代官を懲《こ》らしめ弱いものを助けるために颯爽《さっそう》と現われる。現存する最古の説話は、「ロビン・フッドの事績」（十六世紀前半の刊本）であるが、実在の人物であるという確認はされていない。E・J・

ホブズボウム『匪賊《ひぞく》の社会史』は、民衆にとっての義賊のイメージを次のように規定している。

①不当な罪ゆえにアウト・ローになった。②悪を正す。③豊かな者から奪い、貧しい者に与える。④正当防衛または正当な復讐以外に殺人をしない。⑤許されるならば共同体に迎え入れられる。⑥民衆に賞賛され、助けられ、支援される。⑦裏切りによってのみ死ぬ。⑧姿を見せず、不死身である。⑨国王や皇帝には敵対しない(悪いのは在地の支配者、聖職者である)。

このように、義賊のイメージは、自由、ヒロイズム、正義の夢、自由で平等な仲間関係、権威に対する無頓着さ、そして弱き者、虐げられた者、欺かれた者の擁護者などである。そこには、民衆の正義の感情あるいは正当性観念が表われている。南塚信吾『義賊伝説』(岩波新書)は、民衆の義賊観を民衆の正義観、権力観を示すものとして捉え、義賊を民衆・地域権力の相互関係のなかでイギリス型▲、ラテン・アメリカ型▲、東欧・ハンガリー型▲の三つの類型化を試みている。

国定忠治は、一八一〇(文化七)年上州佐位郡国定村に父長岡与五左衛門と母

▼ラテン・アメリカ型　近代に入っても、地方社会においてパトロン＝クライエント関係(恩顧—庇護関係、親分—子分関係、上下関係にあり、しかも互酬性をもった関係)が強く残存する地域にあらわれる。権力と民衆社会の中間に義賊があらわれ、徐々に地方権力と癒着して中間的権力となり、民衆社会を支配する側にたつというものである。イタリアのマフィア、スペインの義賊。義賊はパトロン側につき、民衆運動を抑える側にまわる。

▼東欧・ハンガリー型　地方権力自体は義賊ともっとも対立する「敵」であるが、権力の末端は義賊と融合し、地方社会に義賊を中心とした非公式の社会的権力というものが形成される。

伊与（新田郡綿打村百姓五右衛門の娘）の次男として生まれた。島村の伊三郎を殺害して八州廻りの手配となり、幕府から追われる身となった。刃傷沙汰《にんじょうざた》の多い忠治であったが、「強《つよき》を挫《くじ》き弱《よわき》を助くるの俠骨《きょうこつ》」（高橋周楨『近世上毛偉人伝』、一八九三年）として、忠治を「俠客《きょうかく》」とみる見方がすでに江戸時代からあった。▲比較的粉飾の少ない江戸時代に書かれ、しかも幕府の代官をつとめた羽倉簡堂《はぐらかんどう》▲の「赤城録」（『東村誌』）を見てみよう。

其の徒、私《ひそか》に民家より一物を取るを聴かず。また有籍の子弟私に乾児《けんじ》（子分）となるを聴かず。父兄来り嘱《しょく》せば則ち之を聴く。然して亦、博場に入るを許さず。……

この歳、旱嘆《かんかん》関東の地大いに饉《う》ゆ。忠治、資をつくして済を賑はす。以って、故に赤城の近地特に餓莩《がよう》なし。明年丁酉年（天保八年）の春、大いに博場を田部井に開き、博税を以って村内磯沼を浚ふ。是より村旱災なし。

忠治伝説の内容は、第一に忠治が堅気の衆を大事にし迷惑をかけなかったこと。有宿の子弟を子分にしなかったこと。人々が忠治を「父の如」く仰いだことである。第二に、一八三六（天保七）年の飢饉の際に忠治が窮民救済をしたこと

▼**忠治の評価**　忠治を強を挫き弱を助ける俠客とする見方は、萩原進『群馬県遊民史』、橋田友治『国定忠次の再研究』、高橋敏『国定忠治の時代』、山田桂三『国定忠治伝』などの著作。博徒あるいは無頼の大悪人とする見方は、田村栄太郎『やくざ考』、しの木弘明『国定忠治伝』などの著作がある。

▼**羽倉簡堂**　江戸後期の儒学者、代官。渡辺崋山らの尚歯会《しょうしかい》に参加し、水野忠邦に抜擢され天保改革の一翼を担うが、水野の失脚に伴い職を追われた。

●——長岡(国定)忠治の墓　伊勢崎市国定の養寿寺に建立されている。

●——表7　国定忠治年譜

西暦(年号)	事　項
1810(文化7)年	上州佐位郡国定村の父長岡与五左衛門・母伊与(新田郡綿打村の百姓五右衛門の女)の次男として生まれる。
1826(文政9)年	17歳。殺傷事件を起こし、下野に逃れ、大前田栄五郎に寄る。
1832(天保3)年	23歳の時、今井村の桐生家の女つるを娶る。
1834(天保5)年	25歳。子分の文蔵らと島村の伊三郎を殺害、八州取締の手配となる。信州の中野に逃れ、勝太の許に身を寄せる。賭場荒しを行なう。
1835(天保6)年	信州より帰る。子分の民五郎、玉村の京蔵・主馬に殴られ、仕返しに主馬を切傷。
1836(天保7)年	茅場の長平の仇信州の原七を討つため、大戸の関所を破る。
1837(天保8)年	向原の磯沼の浚渫を行なう。西目宇右衛門とはかり賭場を開く。
1838(天保9)年	三ツ木の文蔵召し捕られ、忠治奪還をはかるが失敗。木曾路に逃れる。
1842(天保13)年	1月に帰郷、民五郎の仇主馬を、子分を使って討たせる。8月、田部井の賭場が役人に急襲され、主立った子分を失い、赤城に逃れる。9月、子分浅次郎に三室の勘助を殺させる。全国手配となる。
1842(天保13)年	子分の浅次郎、捕らわれて斬首。日光の円蔵牢死。
1850(嘉永3)年	7月21日、田部井村尾内庄八宅で発病。8月14日、関東取締出役中山誠一郎らの手により召捕えられる。12月21日、大戸で処刑される。忠治41歳。

や、一八三七年の普請の際に賭博による収益で水利普請事業をしたことが挙げられる。

後者の天保飢饉での救恤《きゅうじゅつ》については、同時代の記録に残されている。三右衛門の日記でも、一八五〇（嘉永三）年一月十五日に「去ききん年ニは窮民ニ金壱両ニ、米壱俵、麦壱俵ヅツこれ遣し候事、人々知る処なり」と記され、この伝説を裏づけている。

また、旧幕府の小俣景徳（江戸の評定所で取調を行なった）の証言も同時代の忠治評を言い表わしている（『旧事諮問録』）。

国定忠次の如きはまず親分と申してもしかるべきであろうかと存じます。彼は貧民を救うという侠客でありました。召捕《めしと》ろうと思っても捕らえることができぬのでありました。何故なれば、国中《くにうち》でも恩を被《こうむ》った人がたくさんおりますから、貧民が、忠次を召捕りに来たということを聞くと、直ちに注進するので、なかなか摑《つか》まえることができませんで、十余年間その行衛《ゆくえ》が分からずにおりましたが、中気《ちゅうき》を病んで妾宅におる所を捕らえられたのでありました。

●──「上州国定忠治くどき」　「朝な夕なにかげぜんすへる」としるされ、忠治を侠客と見る伝説はすでに同時代に形成されていた。

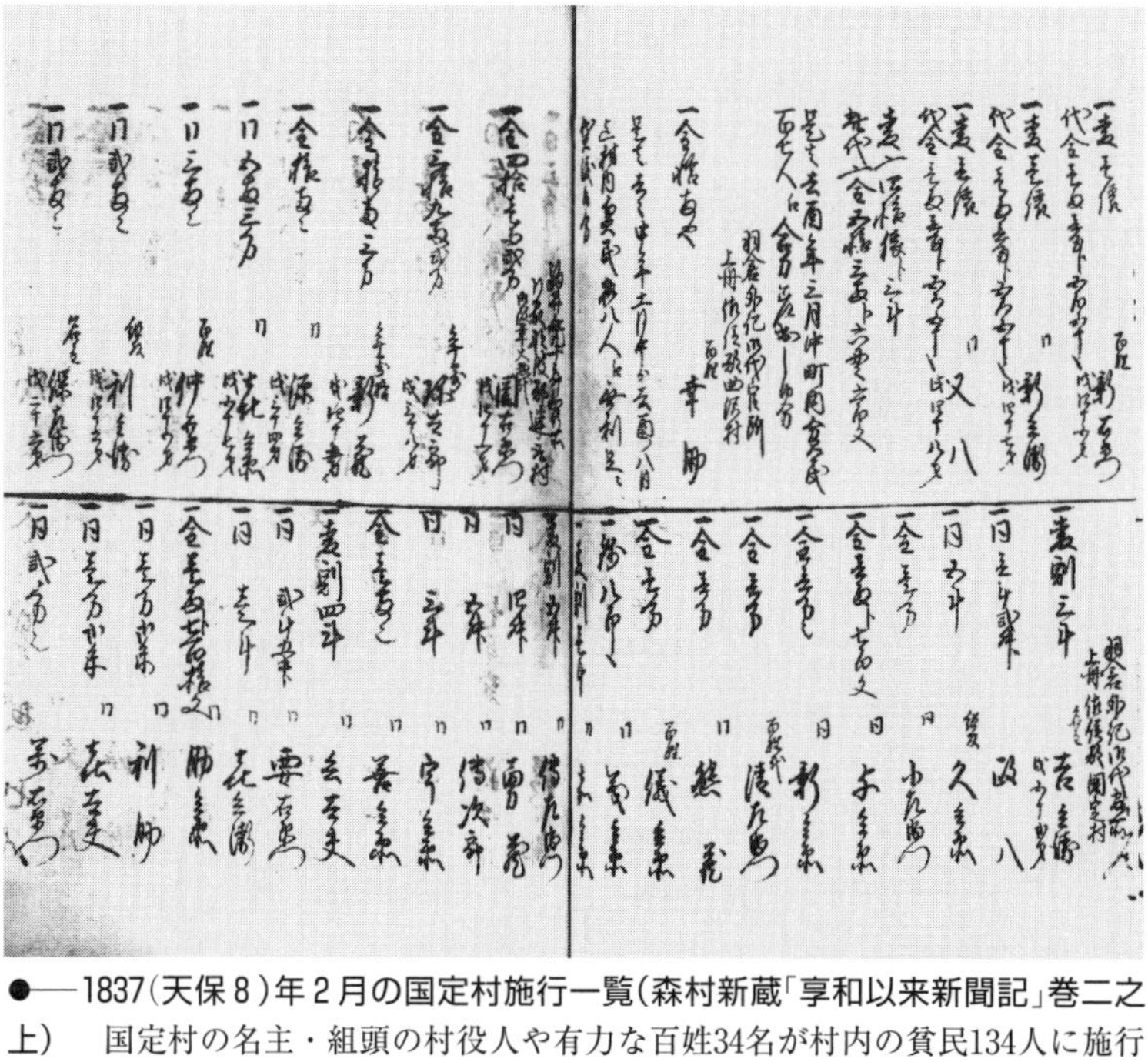

●──1837(天保８)年２月の国定村施行一覧(森村新蔵「享和以来新聞記」巻二之上)　国定村の名主・組頭の村役人や有力な百姓34名が村内の貧民134人に施行を実施した。

忠治が処刑された翌年(一八五一年)のものと推定される「上州国定忠治くどき」(群馬大学附属図書館蔵)にも次のように唄われている。

其や悪事ハかずかさなれど、あのやいぜんのききんの年に、米が三合わり五合で、其日ぐらしのなんぎなものへ、うばひ取たる其大金を、なんぎくるしむ其人々へ、忠次のこらず皆わけくれる、神か仏か命の親と、朝な夕なにかげぜんすへる

くどきに「朝な夕なにかげぜんすへる」と記されているように、忠治を俠客と見る伝説はすでに同時代に形成されていたのである。忠治が天保年間に近隣村々に施行や救恤をしたことを証明する記録はない。大事なことは施行したという事実よりも、施行したという伝説が流布したことである。

「享和以来新聞記」(巻二之上)によると、一八三七(天保八)年十二月四日に須藤保次郎・小池三助・内藤賢一郎・太田平助・吉田左五郎の五名の関東取締出役が、改革組合村へ天保飢饉の際に窮民を救った奇特者の書上を命じている。伊勢崎町外七六カ村の書上では、奇特者一一六人と金三三八両一分三朱と銀五匁、銭一万四二六三文相当の施行《せぎょう》が実施されている。施行が実施された村とし

●—表8　1836(天保7)〜37年の伊勢崎町改革組合村の施行

町村	人数	施行額	貧民数	施行年月
佐位郡境町	21	53両ト6600文	107人	天保8年3月・貧民へ合力
佐位郡保泉村	12	40両2分2朱ト4572文	56人	天保7年12月・貧民へ合力
佐位郡曲沢村	1	10両	18人	天保7年12月〜8年8月・貧民へ無利息で貸し渡し
那波郡連取村	26	123両1分ト銀5匁	82軒	天保7年12月・8年2月・男女小児に甲乙をつけて合力
佐位郡国定村	35	27両1分1朱ト2220文	134人	天保8年2月・貧民へ合力
佐位郡上田村	1	5両	12人	天保7年11月・貧民へ合力
勢多郡下増田村	2	4両	32人	天保7年12月・貧民へ合力
勢多郡下増田村	1	5両	32人	天保7年12月・貧民へ合力
那波郡芝町	6	17両2朱ト347文	33軒	天保7年12月・貧民へ合力
那波郡芝町	8	14両2分	33軒	天保7年12月〜8年3月・貧民へ合力
佐位郡波志江村	2	33両1分2朱ト524文	66人	天保7年12月・三年賦無利息で貸し渡し
佐位郡安堀村	1	5両1分	32人	天保7年12月・三年賦無利息で貸し渡し
奇特人合計	116	338両1分3朱ト銀5匁・14263文		

森村新蔵「享和以来新聞記」(巻二之上)より作成。

て、佐位郡境町・保泉村・曲沢村・国定村・上田村・波志江村・安堀村・那波郡連取村・芝町・勢多郡下増田村が書き上げられている(表8参照)。

「新聞記」によると、国定村でも一八三七年二月に、名主・組頭の村役人や百姓たち三五名が二七両一分一朱と二貫二二〇文を施金し、村内の貧民一三四人へ麦割と金銭とを施行していたことが記録されている(表9参照)。

現時点で確認できることは、国定村で施行が実施されたのは一八三七年の二月であり、忠治ではなく村内の村役人や百姓たち三五名が二七両余を村内の貧民一三四人へ施行したことである。国定村のこの施行が忠治伝説形成の一要因となったと考える。天保飢饉の際に救恤を施した奇特者を書き上げたこと自体、幕府が豪農や村役人に施行を頼らざるをえない状況であったこと、人々が施行を期待していたことを如実に示している。

幕府の代官羽倉が一八三七年三月十四日、下総・下野・上野の国々を巡視し、米や金を供出して飢餓の人々を救った豪農商を宿所へ招き、褒詞《ほうし》を述べ賞し、持てる者が貧民を助ける宿・村内部での賑救《しんきゅう》をすすめた。高橋前掲書はその時の記録「済富録」(京都大学附属図書館蔵)を紹介している。

●—表9　1837(天保8)年国定村窮民への施行人と施行麦数・金額

名　前	麦　割	名　前	金　銭
名主　吉兵衛	3斗	組頭　小左衛門	1分
名主　政八	1斗2升	組頭　与兵衛	1両ト700文
組頭　久兵衛	5斗	組頭　新兵衛	1分
百姓　嘉兵衛	1斗	百姓代　清左衛門	1分
百姓　伝左衛門	5升	百姓代　熊蔵	1分
百姓　勇蔵	4升	百姓　儀兵衛	1分
百姓　伝次郎	5升	百姓　義兵衛	銭800文
百姓　宇兵衛	3斗	百姓　善兵衛	1両
百姓　兵太夫	4斗	百姓　助兵衛	1両ト710文
百姓　要右衛門	2斗5升	百姓　利助	1分2朱
百姓　喜兵衛	1斗	百姓　喜太夫	1分2朱
百姓　辰右衛門	5升	百姓　萬右衛門	2分
百姓　小金次	2升	百姓　惣七	1分2朱
百姓　勇右衛門	4斗	百姓　文蔵	1分
百姓　与八	1斗	百姓　治助	3朱
百姓　孫兵衛	1斗5升	百姓　治兵衛	1分
		百姓　与吉	1分
		百姓　清助	2朱
		百姓　六次郎	1分2朱
3石9斗2升 (1両＝2斗8升)：代金14両		7両1分1朱ト2200文	
総計　27両1分1朱ト2220文			

森村新蔵「享和以来新聞記」(巻二之上)より作成。
注：米と金額の総計は計算が合わないが、「新聞記」の記録通りに記載した。

土人《どじん》云《いわ》ク、山中ニ賊《ぞく》有リ、忠二ト曰《い》フ、党ヲ結ブコト数十、客冬来《きゃくとうらい》、屢《しばしば》孤貧《こひん》ヲ賑《にぎわ》ス、嗚呼《ああ》我輩《わがはい》ハ民ノ父母タリ、而《しかして》劇盗《げきとう》ヲシテ飢凍《きとう》ヲ拯《すくわ》シム、之《これ》ヲ聞キ赧汗浹背《たんかんしょうはい》シテ縫入《ぬいい》ルベキ地無キヲ恨ムノミ

羽倉は天保飢饉の際に国定村をはじめ上州を管轄していた。本来幕府が民衆を救済するべきなのに、幕府の代わりに忠治が救恤《きゅうじゅつ》をしているのを聞いて、幕府代官としての立場から深刻な自己批判の気持ちを率直に吐露《とろ》している。羽倉は心底から恥じていたのである。

前述したように、無宿や博徒の一部は、道案内・手先衆として関東取締出役や火附盗賊改の手先となり、盗みや博奕を行ないながら権力の末端機構に組み込まれていたのである。幕府の役人は無宿や博徒たちの犯罪者のネットワークを利用し、社会に内在する暴力に大きく依拠しながら支配していたのである。

民衆の忠治像は、関東の村々で跋扈《ばっこ》していた道案内や無宿・博徒の不正や暴力を掣肘《せいちゅう》する、俠気《おとこぎ》のある博徒としての期待であった。忠治は道案内をつとめていないこと、何よりも幕府によって処刑されたことが、悲劇のヒーローとして忠治伝説を生む条件を有していた。その背景には、関東取締出役や火附盗賊

改と道案内・手先衆との馴れ合い、彼らの博奕や不正の数々、幕府役人の長い滞在と、囚人番入用の過重な負担などに対する改革組合村の村役人や百姓たちの強い不満があった。彼らは、博奕などの悪事や不正をしていた道案内たちの人数の減少や、改革組合村入用の軽減を強く求めていたのである。

そして何よりも民衆が忠治に求めていたのは、天保飢饉における〝窮民救済〟であった。無宿の忠治が施行をしたという伝説の形成は、文政取締改革の理念と幕府権力の支配の正統性を根底から揺り動かすものであったと言える。

④—幕末維新期の激動

三右衛門の大惣代退役

一八六一(文久元)年二月、三右衛門は八州廻りへの挨拶のために江戸へ出府する。吉田信平次宅へ行き、その後に関畝四郎へ伺った。関は他の人間とは面会しないが、三右衛門とは逢うと述べている。その時に、六〇〇人余の水戸浪人が、裕福な豪商農から金を強要している情報を伝えている。一村へ一〇〇〇両を吹っかけて八〇〇両を奪い取り、一人の商人や豪農へ三〇〇〇両を吹っかけて二〇〇〇両を奪い取る話をした。そして、浪人たちが八州廻りの旅宿へ切り込む使者を派遣したり、八州廻りの所業を探索するために道案内を捕らえて殺しているといううわさを伝えている。

『旧事諮問録』のなかで、元八州廻りの宮内は「水戸の騒ぎのような事に至りては、取締出役などには手も足も出なくなったのでござる」と述べている。

一八六三年二月、将軍上洛の留守中に無宿・悪党が立ち回らないよう、寄場役人・大小惣代・道案内に廻村の達しが申し渡される。三右衛門の雨戸に二月二十八日付の「大惣代様・問屋御役人中様」宛の火札が張られた。埼玉屋平右衛門は宿役人をつとめながら、正月から今に至るまで昼夜賭勝負の「宿」をしていると記され、大惣代や宿役人が評議のうえ賭の勝負を差し止めることを願い出たものである。それでも止めない場合は「焼払」の制裁を下すとしている。火札は二見屋清治郎の高札、問屋雷輔、上新田問屋新右衛門、大黒屋、名主十右衛門にも張られた。

一八六六(慶応二)年八月、三右衛門は生糸蚕種運上▲御免の願いを提出したことにより、関東取締出役渋谷鷲郎から大惣代を退役させられる。五月二十九日に伊勢崎町組合宮子《みやこ》村大惣代源右衛門と二之宮《にのみや》村大惣代和右衛門の二人が、本庄宿組合とともに「生糸・菜種其外御運上御免願」を関東取締出役宮内左右平へ願い出る相談を三右衛門に持ちかけた。六月に武州一揆《ぶしゅういっき》▲が武蔵国一帯を席巻し、玉村宿でも「今度之事は世界乱器ニ相なり、諸人利欲ニ拘り異国へ我国之産物ヲ送り追々困窮ニ及」ぶ、ではじまる張札が玉村宿下新田の高札へ張られた。世界が乱れ諸人が利欲に拘わる。異国へ我国の産物を輸出したため、諸人の生活が追々困窮に及び、富裕な商人が次第に諸品を高直《たかね》に引き上げた。町や村の

▼**生糸蚕種運上**　一八六六年四月に、岩鼻代官所から生糸蚕種改会所設置に関する触が出された。それによって、蚕種については、元紙一〇〇枚につき永三〇文を岩鼻代官所に納め、輸出蚕種については市場で改印をうける際、一枚につき永一〇〇文を納めることとした。

▼**武州一揆**　一八六六年六月に武蔵・上野両国に展開した世直し一揆。横浜開港後の米価・諸物価高騰により困窮した貧農・貧民が、施米や質地・質物の返還を求めて穀屋・質屋・生糸商などを打ちこわした。

物持は施米施金をし、質屋は残らず質物を質主へ返す。もし不相応の施しをしたならば、家財ともども残らず打ちこわすという張札であった。

関東取締出役木村樾蔵から岩鼻郡代▲へ取り次ぎ、宮子村大惣代源右衛門、二之宮村大惣代和右衛門たちとともに七月五日に岩鼻郡代所へ呼び出され、次のように述べている。「人気を和《やわ》らげんが為」と述べ、人気を和らげ、穏便に月日を送らせたいと願って願書を提出したという。願書は江戸へ送られるという返答があり、宮子村大惣代源右衛門・二之宮村同和右衛門両人から、願書は岩鼻役所で留め置くようにと申し入れた。

伊勢崎町・二之宮村・玉村宿の三改革組合村が岩鼻役所へ提出した歎願書は以下のものであった。今年は時ならぬ大霜にて蚕の不作、去丑年(慶応元年)と比べるとおよそ二、三分程度の出来高で、なかなか蚕種代も引き当てることができない状況である。口糸《くちいと》(生糸への付加税)を取り立てられてはとても続けることができず退転するしかないので、口糸上納の廃止と蚕種制作を自由に売買できるよう蚕種改会所の廃止を歎願した。三右衛門は生糸蚕種運上の問題を、蚕種商人たち「利欲ニ拘り候もの」が下から歎願したことからはじまったと考え

▼**岩鼻郡代**　関東郡代のこと。江戸幕府の職名で関東の幕府直轄領の農政を担当した地方官。一八〇六年に廃止されたが、一八六四年に復活し、一八六七年に御勘定奉行所並在方掛と改称された。一八〇六年の関東郡代の廃止とともに、従来郡代役所で裁いていた公事出入・吟味物がすべて江戸の公事方勘定奉行所の所管となり、関東取締出役は召し捕らえた犯罪者を江戸へ送るだけで裁判権はなかった。ところが、一八六七年の関東在方掛には勘定奉行並の資格が付与され、幕領と旗本の知行所の公事出入は在方掛が取り扱うことになった。岩鼻陣屋の在方掛木村飛驒守は上野・下野の二国と武蔵国の六郡を支配し、彼の下で働く関東取締出役の権限も強化された。

▼信達一揆　陸奥国信夫・伊達両郡の幕領に発生した一揆。一八六六(慶応二)年六月に、蚕種・生糸の改印と物価騰貴を原因として発生し、改印請負人・質屋・酒屋や村役人宅を打ちこわしした世直し一揆。

ていた。この問題で信達《しんたつ》一揆▲や武州一揆などの打ちこわしが起こり、大物代の立場から「人気を和らげん」ために八州廻りへ歎願したのである。

八月二日に三右衛門は関東取締出役渋谷鷲郎より謹慎を命ぜられるが、「甚々以胸中ニも承伏難成」と承伏しがたい気持ちを吐露している。三右衛門へ「大物代ならぬ」と大声で命令した取締出役の下では、頼まれても大物代はつとめない、謹慎処分にもかかわらず謹慎しないと開き直り、「髪・月代《さかやき》もいたすなり」とこの処分への不満を漏らしている。八月三十日には大物代を退役させられている。

三右衛門たちの嘆願は、文政取締改革の趣旨からすれば、幕府の政策と対立するものであり、大物代の立場を逸脱した行為であった。渋谷からすれば、三右衛門の退役処分は当然のことと考えられたのである。

大物代を退役させられた以後、三右衛門の批判意識は火附盗賊改だけでなく、八州廻りへも鋭くなっていく。『旧事諮問録』の回答者宮内公美こと臨時取締出役宮内左右平に対しても、一八六三年四月二十一日の日記に、「此人追々後年ニ至大馬鹿野良《おおばかやろう》と成、百姓ニ被追廻、行衛不知ニ成也」と後年書き足し、宮内を

「大馬鹿野良」と非難している。ましてや、大惣代の退役を申し付けた取締出役渋谷鷲郎に対する怒りは強い。

一八六七年七月から十月頃に作成された「御取締向御歎願書」の下書を読むと、取締出役が道案内の腐敗や悪行を知らないでいる現状を、「依怙贔屓の御沙汰」「御取締筋御威光に拘」ることと批判しているが、三右衛門がそのように考えていたとしてもおかしくはない。火附盗賊改を「実ニ迷惑の御出役様方」、関東取締出役を「大馬鹿野良」と非難する言葉は、激動の幕末維新期を生きてきた歴史体験から切実に発せられたものである。幕府役人への批判意識を強めながら、三右衛門は幕府の崩壊を目の当たりに見ていく。

上州の世直し

三右衛門を退役させた渋谷鷲郎は、上野・武蔵両国の農民の怒りを買った。江戸城へ向かう官軍を碓氷《うすい》峠で迎え撃つために、渋谷鷲郎は一八六八（慶応四）年一月十五日銃隊取立の通達を出した。高一〇〇石につき「壮健の者」一人を取り立てる内容であり、村々の百姓たちは過重な負担に反対した。渋谷は銃隊取立に反対する農民に対して、関東の地におくことはできないので家屋敷を持って関西に行けと威嚇した。歩兵を出さない場合には、切り殺して竹へ刺し晒《さら》すと脅した。

しかしながら村々が反対したため、渋谷は迷惑の村方は人数を差し出すには及ばないと命令を撤回したという。三右衛門の二月十九日の日記には次のように記されている。

> 岩鼻御陣屋役人中追々何方へ歟引取之由、御新造方烏川ヲ舟ニて乗下り候由、全逃去之事、荷物下之宮村へ多分持運候事、此人足支配より多ク出ル、公事出入之もの不残引取らセ候事、願事一切取上ケ無之事ニ成り候事

岩鼻陣屋の役人が逃げてしまい、願い事が一切取り上げられない状況となった。まさに幕府の地方《じかた》支配が崩壊した瞬間である。

このような権力の空白期に、隣の新町宿の改革組合村々の民衆は、渋谷鷲郎を襲撃し、大小惣代や寄場役人の不正追及に動いた。新町宿の寄場役人と大惣代は退役となり、「坊主」頭となり、村へ五〇〇両を返している。大惣代が退役となったのは、渋谷鷲郎に同意して、銃隊取立を行なおうとしたことが主な理

由である。改革組合村の大小惣代の不正を追及する寄場騒動は、武州の八幡山・下吉田・寄居・深谷宿組合村々へと波及していった。また、隣の伊勢崎町改革組合村大惣代森村園右衛門も打ちこわしの被害を被っている。もし、三右衛門が大惣代をつとめていたならば、大変な事態を招いていたかもしれない。

上州の世直し騒動を見ると、最初は博徒・無宿が起爆剤として関与している。たとえば、北毛（群馬県北部）の世直しでは、「南国千人組先手」と名乗る博徒・無宿たちが世直しを呼びかけている。また、群馬郡本郷《ほんごう》村（現藤岡市）の頭取「鬼定・鬼金」が差し出した廻状は、世直しに対する人殺しへの「敵討」を呼びかけ、「鉄砲」を持参するよう働きかけようとした。

このように社会の周縁部に存在する浪人や無宿・博徒などの逸脱的社会層が世直しを先導したが、打ちこわし勢に内緒で豪農・豪商と取引を行ない金を略奪することが多く、打ちこわし勢に殺されることもあった。その意味では、無宿・博徒たちが世直しの主体となることはなかった。

一八六八年三月十二日に玉村宿の高札が「天朝　御領」に掛け替えになる。十四日に廻村してきた前橋藩の代官鈴木昌作から、「此節岩鼻御陣屋無之、是迄の

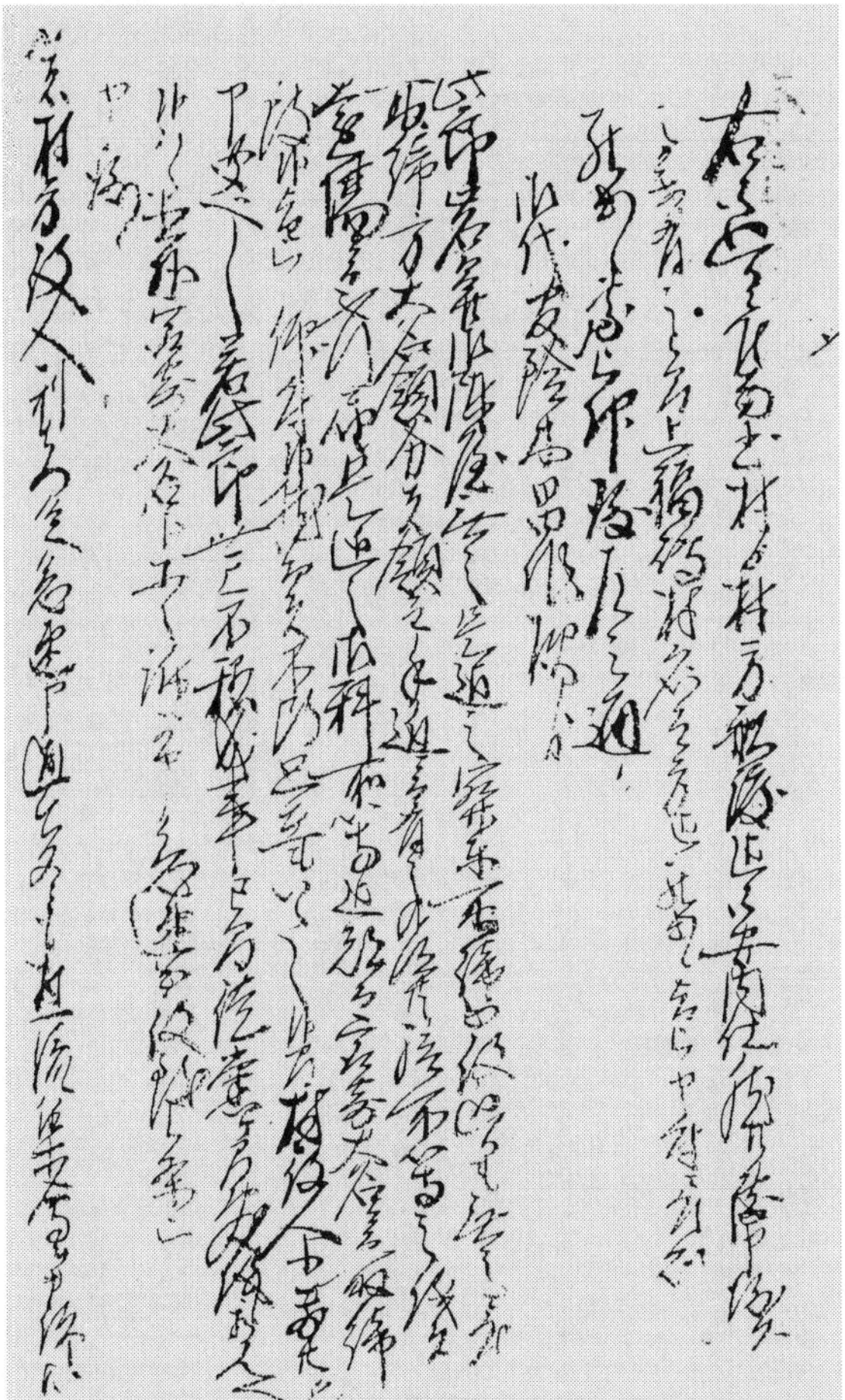

●——慶応四年三月十四日の三右衛門日記　前橋藩の代官から岩鼻陣屋も関東取締出役もなくなったことが言い渡される。

関東取締出役廻りも無之」と岩鼻陣屋が無くなり、関東取締出役も無くなり、最寄りの大名が取り締まることを告げられる。

十七日に松平万平の女房が南玉村四郎右衛門方へ来て、刀を持った者が三右衛門の行方をたびたび尋ねていたという話をした。三右衛門の首を討とうとする者がいるので気を付けるようにとの話である。

十八日に代官伊奈半左衛門の元締をしていた武藤林一が玉村宿へ立ち寄り、奉行より岩鼻代官を申しつけられたので、陣屋の様子を三右衛門に尋ねている。三右衛門は、陣屋はもはや官軍方に取られ、陣屋付の役人も逃げ去り一人もいない、陣屋が支配する村も一つもなく、岩鼻陣屋は高崎藩が支配していることを述べた。

そして、三月二十日には越後の風聞として、「家財其儘ニて持高・田畑株ヲ村中へ平均と申事なり、下方ニて是迄の手先ヲ打殺しと申、百姓騒動のよし」と、田畑平均の風聞と手先を殺すという百姓騒動の風聞を記している。

三右衛門の日記によれば、四月十一日には前橋藩の松平大和守が上野国・武蔵国の村方を取り締まる触が出され、十六日には福嶋村が前橋代官役所へ請書を提出している。六月二十七日には岩鼻陣屋へ官軍が入ったことが記され、二十六日に高崎藩役人が玉村宿八丁目久五郎宅を博奕で手入れをしている。岩鼻県の地方支配が成立するようになる。

そして、初代知県事大音《おおど》龍太郎▲は逮捕者を次々に首切り、「恐怖」政治を実施した。三右衛門の八月二日の日記にも、「玉村宿高札ヲ捨札、岩鼻ニて切首　越後国無宿繁蔵十九才」と記し、二日に召し捕り、八日に首を切っている。三右衛門日記には、「新町宿梅沢屋似セ役と歟《か》ニて御召捕ニ相成切首ニ成」「新町宿ニて坊主切首」と記され、この時期の打ち首の記事が多い。岩鼻県の初代知県事大音龍太郎による徹底した「首切」は、三右衛門にとっては驚きの連続であった。

一八六九(明治二)年の日記には、正月に小室信夫《こむろしのぶ》▲が岩鼻県に入陣する際に、新町宿まで迎えに出ていること、岩鼻県役人嶋田良平から飯塚村と藤川村との出入の内密糺《ないみつただ》しを依頼されて報告していることが記録されている。地域の実力者としての矜持《きょうじ》は、維新政府の内偵を引き受けさせたのである。

他地域と比較すると、関東地方は、治安警察機能と若者組をふくむ風俗取締

▼**大音龍太郎**　岩鼻県初代知県事。近江国伊香郡大音村(現滋賀県長浜市)に生まれる。東山道鎮撫総督に属して上州に入り、越後の征討や小栗上野介の処刑などに活躍した。打ちこわし参加者を即座に処刑した。これに対して数通の弾劾文が政府に提出され、一八六八年十二月七日に岩鼻県知県事を罷免された。

▼**小室信夫**　明治期の政治家、実業家。丹後国与謝郡岩滝村(現京都府与謝野町)の縮緬《ちりめん》問屋分家小室佐喜蔵の長男。一八六三年足利尊氏らの木像梟首《きょうしゅ》事件で徳島藩に預けられる。一八六九年岩鼻県権知事となり、後に梟首事件で世話になった品川弥二郎と共同運輸会社を創立した。

りが突出している。明治以降も、群馬県の博徒の数は多く、博徒の横行と荒々しい人気で治安上多くの問題点を抱えていた。一八八三年の地方巡察使の報告によると、「上州ノ地タル従来悪漢出没博徒横行シ人気自ラ剽悍《ひょうかん》ナリ、是ヲ以テ重罪犯ノ多キ殆《ほと》ント其比ヲ見サル所ナリ」（我部政男『地方巡察使復命書上巻』三一書房）と記している。このように無宿や博徒などの逸脱的社会層は、明治十年代までの間かなりの厚さで存在しつづけ、絶えず社会秩序と権力支配を脅かしていた。

無宿や博徒の社会層への抑圧と統制を通じて地域秩序を安定化することが近代国家の課題になる。刑罰の中心が懲役刑に移行し、それを実現する監獄という装置がつくりだされたのは、明治初年から十年代までのごく短い期間である。監獄＝懲役刑は、国家が犯罪者を囲い込み、秩序の内部へ組み入れようとする制度であり、この囲い込みによって、国家は犯罪と犯罪者を社会から隔離しようとした。そのため犯罪者は監獄のなかへ囲い込まれて、民衆の日常経験から遠ざけられるようになった。

民衆が望んだ侠気

無宿・博徒というと一見華やかに思われるが、彼らは共同体から疎外されていた。一八四四(天保十五)年三月、福嶋村太右衛門の元女房やすが死去したのであるが、やすは二八、二九年前に村から出て村外へ縁付いているので、福嶋村の人別帳から除かれていた。満福寺《まんぷく》が葬式の棺を玉村宿へ運んでいるのを見て、三右衛門は福嶋村にとっては「無宿」の者に葬式の棺を貸していることを問題視している。そして、満福寺の住職は「世間」へ知られないように深夜に密かに運ぶと答えている。

前述した一八五四(安政元)年閏七月の角渕村博奕一件▲の際に、三右衛門は無宿の女が怪我をしたからといって角渕村の村役人が高崎藩の代官へ検使を願うのは「不心得」とし、村方で博奕が行なわれていたのを村役人が知らなかったのは「越度《おちど》」としている。たとえ怪我をしても、村役人が無宿の女の検使願いを取り扱うのは「不心得」と非難している。無宿には村役人へ訴える法的な能力がなかったのである。

これらの事例から言えることは、「無宿」になるということは、生きている時

▼角渕村博奕一件　四七ページ参照。

だけでなく、死後においても村共同体の一員としての権利を失うことになるのである。一旦「帳外」となった者に対しては、死んでも村は引き取ることを拒否する厳しさがそこにあった。

このような無宿や博徒が歴史に登場し、国定忠治のような博徒を生んだ歴史的背景は、十八世紀後半頃以降の関東・中部を中心とした養蚕業地帯における、養蚕・生糸の商品生産の発展である。農民が貨幣収入を得るようになり、商品経済の発展に支えられた博奕や村芝居の隆盛は、江戸文化の影響を受けた「ハレ」的な生活文化を創出した。

文政取締改革の理念は、百姓への勧農教諭であり、無宿を帰農改心させることが幕府の政策基調であった。だが、一八〇六(文化三)年より五〇年間に玉村宿改革組合村の家数は一三〇五軒から九一二軒に減少し、潰百姓の軒数は三九一軒に及んでいる。全家数の三〇%が潰百姓となっており、幕府の百姓への勧農教諭の政策は破綻をきたしていた。

大惣代三右衛門の眼から見たものは、数多くの火附盗賊改の同心とその手先たちの腐敗や不正であった。火附盗賊改は捜索費用を捻出するために、無理で強引な犯罪摘発をした。彼らの不正は、「御公儀御用」を「盗御用」にしてしまうものであり、三右衛門は火附盗賊改を「実ニ迷惑の御出役様方」とまで言い切っている。彼自身も、博奕などの悪事や不正をしていた道案内の更迭を要求したり、道案内人の減少や寄場組合村入用の軽減を求め、無宿や浪人たちの暴力に対する村々の自己防衛に取り組んだ。

博徒集団が社会の周縁部に滞留し、かなりの厚さで存在しつづけ、絶えず社会秩序と権力支配を脅かした。無宿や博徒の一部は、岡引として関東取締出役や火附盗賊改の手先となり、権力の末端機構に組み込まれていた。しかしながら、権力と癒着しているものの、「中間的権力」となりえず私的な暴力集団程度のものであったと言える。

民衆の忠治像は、関東の村々で跋扈《ばっこ》していた道案内や無宿・博徒の不正や暴力を掣肘《せいちゅう》する、侠気《おとこぎ》のある博徒としての期待であった。忠治は道案内をつとめていないこと、何よりも幕府によって処刑されたことが悲劇のヒーローとして忠治伝説を生む条件を有していた。民衆のなかの忠治伝説は、第一に忠治が堅気の衆を大事にし迷惑をかけなかったこと、第二に天保飢饉の際に忠治が博奕の売り上げなどで窮民救済をしたことである。無宿の忠治が施行をしたという伝説の形成は、文政取締改革の理念と幕府権力支配の正統性を根底から揺り動かすものであったと言える。

徳川幕府を正統化し受容する意識が揺らぎ、幕末になると幕府の役人である関東取締出役や火附盗賊改への批判が鋭くなり、その一方では、村方騒動の小前の動きを封じ、地芝居を催そうとする若者組に対して厳しい態度を取った。

三右衛門は、改革組合村大惣代を長年勤めた理由で、一八六一(文久元)年に領主から苗字帯刀を許されるが、岩鼻陣屋へ出入を願い、節句や年暮に出かけるのも「人のため」であり、自分は役人になるつもりはないと述べている。文政の取締改革の理念を守り、村方騒動や若者組の地芝居や踊りの動きに対しても、大惣代の立場から厳しく抑えようとしたのである。幕府の役人とも、村方の小前層や若者組とも異なる、中間層としての独自の立場で地域紛争に対処してきたといえる。

あらゆる紛争の解決に努力したにもかかわらず、三右衛門は一八六六(慶応二)年の武州一揆の直後に、生糸・蚕種改所問題で幕府の政策に反対したため、関東取締出役から改革組合村大惣代を退役させられてしまう。退役を契機にして、三右衛門は関東取締出役への批判を強め、道案内の腐敗や悪行を知らないでいる現状を「依怙贔屓の御沙汰」と批判していた。『旧事諮問録』の回答者であった宮内公美（宮内左右平）を「大馬鹿野良」と非難し、自分を退役に追い込んだ関東取締出役渋谷鷲郎が、上州世直しの攻撃対象となったことを冷ややかな眼で見ていた。

その彼が一目をおいたのは、国定忠治と高瀬仙右衛門である。忠治が島村伊三郎の命日に供養していること、天保飢饉の際に窮民へ金一両・米一俵・麦一俵を救恤《きゅうじゅつ》していること、子分の面倒見がよく、忠治のために死ぬことができる者が一〇〇人いることを日記で称賛している。博徒から大惣代となった高瀬仙右衛門にも親近感を持っていた。一八五六年の改革組合村と玉村宿との争論の際に、玉村宿の問屋たちの発言を厳しく諫め、そのような者には「用はなしと言捨」て颯爽と立ち上がった仙右衛門に俠気を感じた。

大惣代三右衛門の人生も俠気という言葉がふさわしい。関東取締出役の渋谷鷲郎から大物代退役を命じられても、「甚々以胸中ニも承伏難成」と言い切る三右衛門の胸中には、自分以外の誰が大物代をつとめることができるのかという自負があった。男女の争いから無宿博徒の悪行までのあらゆる問題の紛争処理を見事にこなしてきた自信、彼のような人間が地域社会をその基礎から支えていたのである。俠気が民衆の忠治像だけの世界ではなく、三右衛門や高瀬仙右衛門のような大物代にも広く受容され、自らの行動を強く支える価値意識ともなっていたのである。

多くの紛争を処理し、優れた仲裁能力を持っていた三右衛門であったが、伜《せがれ》の半兵衛の「不法乱妨」には手を焼いていた。一八六八年正月に玉村宿から福嶋村へ三右衛門は居を移したが、十六日に「半兵衛法外成の所行《しょぎょう》」のため利右衛門方へ移り、さらに二十九日には南玉村町田四郎右衛門方へ引越している。翌六九(明治二)年三月二十四日の日記には、半兵衛の「不法乱妨」のため「世間赤面至極《しごく》なり」と記し、五月十七日には「堪忍も最早難成《もはやなりがたし》」と記されている。さすがの三右衛門も、自分の伜の「不法乱妨」にはなすすべもなかったのである。

伜の半兵衛がなぜ父親に反抗したのか、その理由はわからない。一八九二年六月三日に、三右衛門は八六歳で永眠した。この時、伜半兵衛は一八六三年の日記を老父の御用簞笥から見付け、「基径歴ヲ調テ父カ交際と言ヒ、気根の程コソ驚入テ、此処末筆ヲ加フモノナリ」と書き加えている。半兵衛もこの時六三の齢《よわい》を重ね、父親の交際の広さと力強い精神力を見直すことができた。

●──写真所蔵・提供者一覧(敬称略, 五十音順)

群馬大学附属図書館　　カバー表, p. 75上
玉村町歴史資料館(提供)　　カバー裏, 扉, p. 3下, 41
森村恒之(所蔵)　　p. 19, 75下
渡邉壽美保(所蔵)　　カバー裏, 扉, p. 3下, 13, 41, 57, 89
著者　　p. 3上, 9, 73

製図：曾根田栄夫

書刊行会, 1915年
しの木弘明『国定忠治伝』いいだや書店, 1997年
『新編埼玉県史　資料編17』埼玉県, 1985年
高木侃「『三右衛門日記』の離縁状関連資料」(『関東短期大学紀要』第45集, 2001年)
高橋敏『国定忠治の時代』平凡社, 1991年
高橋敏『国定忠治』岩波新書, 2000年
高橋敏「江戸の顔役」『ものがたり日本列島に生きた人たち』7, 岩波書店, 2001年
多仁照廣「地芝居と若者仲間」『地方史研究』131号, 1974年10月
田村栄太郎『やくざ考』雄山閣, 1958年
萩原進『群馬県遊民史』上毛新聞社, 1965年
橋田友治『国定忠次の再研究』伊勢崎郷土文化協会, 1986年
服藤弘司『地方支配機構と法 ── 幕藩体制国家の法と権力Ⅵ』創文社, 1987年
藩法研究会編『藩法集 5 』創文社, 1964年
E. J. ホブズボーム『匪賊の社会史』みすず書房, 1972年
三田村鳶魚『捕物の話』中公文庫, 1996年
南塚信吾『義賊伝説』岩波新書, 1996年
森安彦『幕藩制国家の基礎構造』吉川弘文館, 1981年
安丸良夫「『監獄』の誕生」『朝日百科日本の歴史別冊 ── 歴史を読みなおす22』朝日新聞社, 1995年 7 月
山田桂三『国定忠治伝』煥乎堂, 1996年
吉岡孝「近世後期関東における長脇差禁令と文政改革 ── 改革組合村は治安警察機構に非ず」『史潮』新43号, 1998年 5 月, 歴史学会
吉岡孝「関東取締出役成立についての再検討」『日本歴史』631号, 2000年12月

●──典拠史料と参考文献

〈史料〉

「三右衛門日記(一)〜(五)」(『玉村町誌』別巻Ⅳ〜Ⅷ, 玉村町, 1994〜2000年),『玉村町誌』別巻Ⅱ(玉村町, 1992年),『玉村町誌　通史編』上巻(玉村町, 1992年)

井田金七家文書(玉村町上新田, 玉村町歴史資料館)

岡部幸雄家文書(太田市強戸, 群馬県立文書館,『県史資料近世』)

「享和以来新聞記」(伊勢崎市連取, 森村恒之家文書)

「上州国定忠治くどき」(群馬大学附属図書館)

関根光久家文書(玉村町角淵, 群馬県立文書館,『県史資料近世』)

渡邉壽美保家文書(玉村町福島, 玉村町歴史資料館, 群馬県立文書館,『県史資料近世』)

〈参考文献〉

『東村誌』東村誌編纂委員会, 1979年

阿部昭『江戸のアウトロー』講談社, 1999年

石井良助『盗み・ばくちその他』自治日報社出版局, 1971年

大口勇次郎『徳川時代の社会史』吉川弘文館, 2001年

落合延孝「近世村落における火事・盗みの検断権と神判の機能」『歴史評論』442号, 1987年 2 月

川田純之「改革組合村の内部構造の検討」『史学』第56巻第 4 号, 三田史学会, 1987年 2 月

関東取締出役研究会編『関東取締出役道案内人史料』1994年

旧事諮問会編『旧事諮問録』上・下巻, 岩波文庫, 1986年

『群馬県史　資料編14』群馬県, 1986年

坂本達彦「火附盗賊改の在方廻村と改革組合村」『国史学』第175号, 2002年 1 月

桜井昭男「火附盗賊方の在方廻村について」『関東地域史研究』第 2 輯, 2000年 3 月

桜井昭男「関東取締出役と改革組合村──文政改革の基調」藤田覚編『幕藩制改革の展開』, 山川出版社, 2001年

『寒川町史 3　資料編近世 3 』寒川町, 1995年

「地方落穂集追加巻 4 〜 6 」瀧本誠一編『日本経済叢書』巻 9 , 日本経済叢

日本史リブレット49

八州廻《はっしゅうまわ》りと博徒《ばくと》

2002年11月25日　1版1刷　発行
2019年12月30日　1版4刷　発行

著者：落合延孝《おちあいのぶたか》

発行者：野澤伸平

発行所：株式会社 山川出版社

〒101−0047　東京都千代田区内神田1−13−13
電話 03(3293)8131(営業)
03(3293)8135(編集)
https://www.yamakawa.co.jp/
振替 00120-9-43993

印刷所：明和印刷株式会社

製本所：株式会社 ブロケード

装幀：菊地信義

Printed in Japan ISBN 978-4-634-54490-1

日本史リブレット　第Ⅰ期［68巻］・第Ⅱ期［33巻］　全101巻

1 旧石器時代の社会と文化
2 縄文の豊かさと限界
3 弥生の村
4 古墳とその時代
5 大王と地方豪族
6 藤原京の形成
7 古代都市平城京の世界
8 古代の地方官衙と社会
9 漢字文化の成り立ちと展開
10 平安京の暮らしと行政
11 蝦夷の地と古代国家
12 受領と地方社会
13 出雲国風土記と古代遺跡
14 東アジア世界と古代の日本
15 地下から出土した文字
16 古代・中世の女性と仏教
17 古代寺院の成立と展開
18 都市平泉の遺産
19 中世に国家はあったか
20 中世の家と性
21 武家の古都、鎌倉
22 中世の天皇観
23 環境歴史学とはなにか
24 武士と荘園支配
25 中世のみちと都市
26 戦国時代、村と町のかたち
27 破産者たちの中世
28 境界をまたぐ人びと
29 石造物が語る中世職能集団
30 中世の日記の世界
31 板碑と石塔の祈り
32 中世の神と仏
33 中世社会と現代
34 秀吉の朝鮮侵略
35 町屋と町並み
36 江戸幕府と朝廷
37 キリシタン禁制と民衆の宗教
38 慶安の触書は出されたか
39 近世村人のライフサイクル
40 都市大坂と非人
41 対馬からみた日朝関係
42 琉球の王権とグスク
43 琉球と日本・中国
44 描かれた近世都市
45 武家奉公人と労働社会
46 天文方と陰陽道
47 海の道、川の道
48 近世の三大改革
49 八州廻りと博徒
50 アイヌ民族の軌跡
51 錦絵を読む
52 草山の語る近世
53 21世紀の「江戸」
54 近代歌謡の軌跡
55 日本近代漫画の誕生
56 海を渡った日本人
57 近代日本とアイヌ社会
58 スポーツと政治
59 近代化の旗手、鉄道
60 情報化と国家・企業
61 民衆宗教と国家神道
62 日本社会保険の成立
63 歴史としての環境問題
64 近代日本の海外学術調査
65 戦争と知識人
66 現代日本と沖縄
67 新安保体制下の日米関係
68 戦後補償から考える日本とアジア
69 遺跡からみた古代の駅家
70 古代の日本と加耶
71 飛鳥の宮と寺
72 古代東国の石碑
73 律令制とはなにか
74 正倉院宝物の世界
75 日宋貿易と「硫黄の道」
76 荘園絵図が語る古代・中世
77 対馬と海峡の中世史
78 中世の書物と学問
79 史料としての猫絵
80 寺社と芸能の中世
81 一揆の世界と法
82 戦国時代の天皇
83 日本史のなかの戦国時代
84 兵と農の分離
85 江戸時代のお触れ
86 江戸時代の神社
87 大名屋敷と江戸遺跡
88 近世商人と市場
89 近世鉱山をささえた人びと
90 「資源繁殖の時代」と日本の漁業
91 江戸の浄瑠璃文化
92 江戸時代の老いと看取り
93 近世の淀川治水
94 日本民俗学の開拓者たち
95 軍用地と都市・民衆
96 感染症の近代史
97 陵墓と文化財の近代
98 徳富蘇峰と大日本言論報国会
99 労働力動員と強制連行
100 科学技術政策
101 占領・復興期の日米関係